나는 돈에 미쳤다

나는 돈에 미쳤다

젠 신체로 지음 | 박선령 옮김

쓸데없는
자존심을 버리고
돈을 쫓는
12가지 방법

YOU ARE
A BADASS
AT MAKING
MONEY

Winner's Secret Library 위너스북
WINNER'S BOOK

목차

돈을 많이 벌기 전에

돈을 더 많이 벌 준비가 되었다면, 얼마든지 벌 수 있다. 지금까지 몇 번이나 돈을 벌려고 시도했다가 실패했건, 땡전 한 푼 없는 신세라서 버스비를 낼 수 없는 지경까지 이르렀든 상관없다. 지금 이 순간 이 이야기가 당신에게 아무리 불가능하게 들리더라도, 당신은 돈을 많이 벌 수 있다. 당신이 원한다면 말이다.

어떻게 돈을 벌지 아직 구체적인 방법을 생각해내지 못하더라도 크게 잘못된 것은 아니다. 돈 문제는 사람이 가장 많이 이야기하는 주제다. 우리는 돈을 좋아하기도 하고, 싫어하기도 하며, 무시하기도 한다. 또한 돈을 갈망하다가도 호되게 비난하기도 한다. 돈은 너무나 많은 욕망과 수치로 가득 차 있다. 그렇기에 즐겁게 돈을 긁어모으는 것은 고사하고 큰 목소리로 "돈을 긁어모으는 게 즐거워"라고 내뱉는 것을 부끄럽게 생각한다.

이런 태도를 보면, '사람을 완전히 기겁하게 하는 주제' 중에서 섹스를 우리가 어떻게 다루게 되었는지 떠오른다. 섹스나 돈 버는 문제에서 우리는 무슨 일을 해야 하는지 똑똑히 알고 또 그 일을 아주 잘해야 한다고들 생각한다. 하지만 정작 그 방법을 제대로 가르쳐주는 사람은 아무도 없다. 그리고 부적절하고 더럽고 세련되지 못한 주제는 이야기도 꺼내면 안 된다고들 한다. 돈과 섹스는 상상할 수 없는 즐거움을 안겨주기도, 폭력을 조장하기도 한다. 이것이 수중에 없으면 부끄럽고, 원한다는 사실을 인정하기는 더 부끄럽지만, 손에 넣기 위해 별로 좋아하지 않는 일을 하거나 좋아하지 않는 사람과 어울리기도 한다. 가끔 낯선 사람이 나타나서 돈을 주는 상상을 하는 것은 나뿐만은 아니라는 사실을 안다.

하지만 다행스러운 사실은, 당신도 다른 사람처럼 돈과 관련된 문제나 갈등이 있다면 이런 상황을 개선하고 변화시킬 능력이 당신에게는 있다. 결국 돈과 멋진 친구가 되어 어느 날 아침에 일어나보면 자기가 항상 원하던 삶을 누리고 있음을 깨달으리라. 그리고 그런 변화를 지금 당장 시작할 수 있다. 당신은 자기 발목을 잡는 걸림돌이 무엇인지 깨달아야 한다. 자기가 집중하는 대상과 관련해서 새롭고 강력한 선택을 하며, 돈 문제에서는 똑똑하게 행동하고, 전에는 한 번도 시도해본 적 없는 사람처럼 단호한 태도로 목적을 추구하는 것이다. 이 책은 당신이 그렇게 할 수 있도록 도와준다.

나는 내 재정 상태를 단시간 내 엄청나게 변화시켰다. 그렇기에 나를 잘 아는 사람 모두가 대체 무슨 일이 일어났는지 여전히 궁금해한다. 나 같은 빈털터리가 해낼 수 있다면, 지금 곧 무너질 듯한 절망적인 기분을 느끼는 당신도 할 수 있다. 왜냐하면 나는 40대에 접어들 때까지 돈 버는 방법을 전혀 몰랐기 때문이다. 내 40대! 그 나이가 되면 사람들 대부분은 집도 있고 자녀의 대학 자금도 마련해놓는다. 그런데 나는 40살에 텅 빈 은행 계좌와 스트레스로 생긴 깊은 주름살이 생겼다. 그리고 미수금 처리 대행회사에서 일하는 사람과 서로 친근하게 이름을 부르는 관계가 되었다.

나는 성인이 된 후 내내 프리랜서 작가로 일했다. 들이는 시간과 노력보다 보수가 모욕적일 만큼 적은 일이라도 맡으려고 아등바등 애썼다. 실제로 계산해보았다면 내 노동력을 얼마나 공짜로 착취당했는지 알아차렸을 것이다. 하지만 나는 현실을 부정하면서 더 열심히 일하고, 더 많이 불평하면서 어떻게든 돈을 긁어모으고, 부자가 탄 차에라도 치이길 바랐다. 그렇게 금전적으로 힘든 상태를 빠져나갈 빈틈없는 계획을 세울 수 있던 이유는 부분적으로 돈에 관한 고민이 정말 많았기 때문이다. 문제는 나를 끊임없이 고문하는 우유부단한 태도였다. 나는 내가 작가임을 알뿐더러 목욕 가운 차림으로 혼자 방에 앉아서 종일 타자만 치는 일만 하고 싶지 않다는 것을 알았다. 하지만 정작 내가 하고 싶은 일이 무엇인지 몰랐다. 그리고 일단 무언가를 선택한 다음에 기다리기보다는 피가 날 때까지 손톱을 물어뜯으며 고민했다. 결국 "내가 살면서 하고 싶은 일이 대체 뭔지 모르겠어"라며 수렁 속에서 뒹구는 편을 택했다. 아주 오랫동안 그랬다. 몇십 년이나. 정말 고통스럽고 자기 파괴적인 시간이었다. 그 시간 속에서 나는 완전히 마비되었다. 40살이라는 지긋한 나이가 되었는데도 골목길에 있는 개조한 차고에 살면서, 치과 치료를 받아야 하는 상황이 올까 봐 두려워했다. 그리고 다음 방법을 동원해 빈곤한 금전적 상황을 헤쳐나갔다.

- 내가 좋아하거나 필요한지는 관계없이 공짜라면 무조건 먹고, 마시고, 주머니에 채워온다.
- 주차비 5달러를 아끼려고 아무리 먼 거리라도 샌들을 질질 끌면서 걸어간다.
- 전문가에게 의뢰하는 대신 덕트 테이프를 사용해 물이 새는 파이프, 끊어진 구두끈 등을 수선한다.
- 식당에서 친구들과 만나 저녁을 먹을 때는 물만 마신다. 친구들에게는 아까 많이 먹어서 배가 안 고프다고 설명한다. 그러다가 공짜로 주는 빵이 나오면 순식간에 내 입속으로 넣는다.
- 전화 설치와 건강 보험 가입 중에서 하나만 선택한다.
- TV부터 침구류나 나무 숟가락에 이르기까지 무엇을 사든 좀 더 저렴한 물건이나 곧 있을 세일, 쿠폰, 혹은 '내가 직접 만들 수 있는 물건인가'를 고민하면서 엄청나게 많은 시간을 허비한다.

돈이 없어서 고민하고, 지출을 줄이고, 흥정하고, 할인을 받으려고 들인 시간과 노력을 실제로 돈을 버는 데 쏟았다면 제대로 작동하는 와이퍼가 달린 차를 훨씬 빨리 몰고 다녔을 것이다.

돈을 버는 목적은 세일 가격으로 산 물건에 기뻐하지 않거나, 빵으로 배를 채우지 않기 위해서가 아니다. 상황의 희생자인 양 행동하는 것이 아니라, 원하는 존재가 되고 좋아하는 일을 하거나 물건을 가지는 선택권을 얻기 위해서다. 또 괜찮은 척하지 않기 위해서다. 우리는 돈을 더 벌어서 집을 갖는 데 집중하기도 하지만 돈이 없어 남들의 비난을 받거나 자기 일에 집착할까 봐 두려워한다. 그리고 자기가 가능하다고 생각하는 수준에서 안주하지 않고 정말 살고 싶은 삶을 누릴 수 있는 부를 축적하고 싶다.

사람은 스스로 만든 드라마를 합리화하며 방어하고 수용하는 대단한 능력이 있다. 특히 우리는 자신을 벌주는 현실을 선택하고 만드는 능력이 있기 때문에 상황은 더 심각하다. 비참한 상황에 놓이거나 학대당하는 관계를 유지하는 사람에게 이런 모습을 자주 볼 수 있다. 자기가 싫어하는 직장에 계속 다니겠다고 고집하는 사람에게 이런 모습이 나타난다. "너무 비참한 기분이 들어서 점심시간에 계단에서 울었어요. 하지만 이 회사의 의료보험 혜택이 아주 훌륭하거든요." 그러는 사이에 시간은 빠르게 흘러간다.

인생을 합리화하면서 낭비하는 시간을
다른 멋진 일에 쓸 수 있다.

40년 넘게 근근이 살아온 끝에, 더는 무언가를 선택해야 할 때마다 "난 그걸 가질 여유가 없다"라거나 "내가 뭘 하고 싶은지 모르겠다"라고 외우는 주문을 들어줄 수 없게 되었다. 또 형편없이 작은 집에서 계속 사는 데도 진력이 났다. 이제 가만히 앉아서 다른 사람이 좋아하는 일을 하면서 돈을 많이 벌고, 친구에게 근사한 저녁을 대접하고, 호사스럽게 세계 여행하는 모습을 지켜보기만 할 수 없다. 기본적으로 내가 원하는 삶을 사는 모습 말이다. 나도 그들만큼 똑똑하고 재능 있고 매력적이고 말쑥한 사람인데……. 도대체 난 무엇이 문제일까? 내가 아무리 휘청거리는 삶도 그런대로 괜찮다고 스스로 납득하려 해봐도 내면 깊숙한 곳에서는 이보다 더 큰 무언가를 바란다는 것을 알았다. 전 세계 여기저기를 돌아다니는 기자 등 누군가의 멋진 직업을 들으면서 흥분하기도, 다른 사람의 집에 놀러 가서는 나도 이렇게 살고 싶어!'라고 생각하기도 했다. 그리고 원하는 삶을 살기 위해 행동하는 대신에 나는 곧바로 자신에게 변명하기 시작했다.

'나는 훌륭한 기자의 모습을 보여줄 수 있을 만큼 잘 쓴 글이 없어. 내가 뭘 하고 싶은 건지 완전히 확신하지도 못한 상태고. 게다가 내게는 고양이도 있잖아. 세계를 여행하면서 내 고양이를 놔두고 갈 수도 없는 일이야.'

지금 있는 곳에 계속 머무는 삶이 더 쉽고 위험 부담도 덜한 것처럼 느껴지긴 했다. 그 또한 끔찍하긴 마찬가지였다. 스스로 자신에게 실망하는 겁쟁이가 되어 계속 물러서기만 하고 놀라운 많은 것을 거부하는 인생을 살아온 기분이었다. 왜냐하면 정말 그렇게 살았기 때문이었다.

결국 지금보다 훨씬 더 잘할 수 있는데 그러지 않는 나를 더는 참을 수가 없었다. 이제 우물쭈물하지 말고 돈을 향한 두려움과 혐오감을 극복하고 돈을 벌 방법을 찾아 눈부신 삶을 살겠다고 마음먹었다. 그리고 확실하지 않은 상황에서 벗어나려고 쉬운 방법에 매달리는 대신, 완벽하지는 않더라도 적어도 괜찮다고 느끼는 방법을 찾기로 했다. 천둥과 번개가 내리치는 '깨달음'은 없었다. 불지옥에서 구사일생으로 살아남지도 않았고, 패배자처럼 산다는 이유로 평생 사랑한 연인에게 버림받지도 않았다. 그리고 "그렇게 사는 건 당장 그만둬!"라는 훈계를 받은 것도 아니다. 그냥 갑자기 혼자 중얼중얼 불평을 늘어놓는 소리를 더는 듣고 싶지 않을 뿐이었다. 마침내 잠에서 깨어났다. 사람들 대부분에게 거대한 변화를 이루려는 욕구가 이런 식으로 작용하리라.

안전하고 작은 현실에서 벗어나려는 도약은 매우 두려웠다. 종종 엄청난 문제와 직면하기도 했다. 일례로 온라인 사업을 위해 엄청난 돈을 투자하고, 강좌를 듣고, 멘토를 고용하고, 웹사이트를 구축하기도 했다. 이 새로운 사업은 다른 작가를 가르치는 일이었다. 그전에는 다른 작가를 코치해본 적이 없기 때문에 어리숙하고 미덥지 않게 보일까 봐 두려웠다. 또 온라인 사업을 운영하는 일을 전혀 몰랐기 때문에, 사업을 시작하는 데 들인 많은 돈을 잃을 위험도 있었다. 아니면 이와 관련된 오프라인 사업에 문제가 생길 수도 있었다. 심지어 사람들에게 내가 빌어먹을 사업을 한다고 말하는 것조차 터무니없게 느껴졌다. 전부 다 꾸며낸 일 같았다.

하지만 아무리 겁난다고 하더라도 학자금 대출을 어떻게 갚아야 할지 고민하거나 지금보다 훨씬 잘 살 수 있다는 것을 알면서도 작고 초라한 집에서 삶을 허비한다고 느낄 때처럼 절망적인 기분은 아니었다. 지금은 성공한 코치 겸 작가로 백만 달러 이상을 벌 뿐만 아니라 돈 버는 방법을 가르치는 책까지 쓴다. 한때 가게에서 좀도둑질 하고 소파 쿠션 사이에 떨어진 동전이라도 없나 찾으려고 애쓰던 나, 젠 신체로에게 이것은 90살인 아버지가 쇼프로그램 〈댄싱 위드 더 스타〉에 나가서 하룻밤 사이에 큰 화제를 일으키는 것만큼이나 생각지도 못할 일이다. 그리고 돈 버는 방법에 관한 책까지 쓰고 있다니. 그야말로 기적이다. 그래서 나는 기적을 믿는다.

내가 기억하는 가장 멋진 일 하나는, 엉망진창인 금전 상태를 해결하기로 진지하게 결심하자 새로운 기회와 계획 그리고 수입이 모습을 드러낸 일이다. 물론 그것들은 늘 그 자리에 있었지만 내가 쿠폰을 오리는 따분한 일상에 집중하느라 미처 알아차리지 못했다. 하지만 당신에게는 자신의 불안정한 금전 상태로 한밤중에 비명을 지르며 깨어나지 않도록 안정적으로 바꾸는 데 필요한 모든 것이 있다. 그저 필요한 일을 기꺼이 하기만 하면 된다. 그리고 여기서 필요한 일이란 정말, 정말, 정말, 불편해지는 데 동의하는 것이다. 몇 번이고 말이다.

우리는 어릴 때부터 돈을 벌려면 열심히 일해야 한다고 배웠다. 이 말은 사실이다. 하지만 진짜 중요한 비밀은 돈을 벌려면 거대하고 불편한 위험을 감수해야 한다는 것이다. 한 번도 해보지 못한 일을 하면서 인지도를 높이고, 바보처럼 보일 위험을 무릅써야 한다. 많은 돈을 벌기를 바라고, 또 그러려고 노력해야만 하며 무엇보다 스스로 그렇게 할 수 있도록 허용해야 한다. 위험을 무릅쓰는 일은 두려움과 흥분이 뒤섞인 불편한 일이다. 두려움과 흥분은 동전의 양면이며, 그것이 바로 내가 말하는 불편함이다. 이것은 부유하게 살면서 자기 삶을 책임지는 데 따르는 중요하면서도 긴장감 넘치는 불편함이자 거침없는 돌진이기도 하다.

당신이 공공장소에서 이 책을 읽을 수 있을 만큼 용감한지 궁금하다. 그것도 남들이 제목을 볼 수 있게 표지를 훤히 드러내놓고 말이다.

그래도 당신이 어디에서든 이 책을 읽고 또 읽으면서 여기 나온 일을 모두 해보고, 의심과 두려움이 아니라 자기 마음이 외치는 소리에 귀를 기울이며 미지의 세계로 용감하게 뛰어들기를 바란다. 나는 수많은 고객과 친구와 여러 곳에서 만난 사람들이 돈과 관련한 곤경에 처한 모습을 많이 보았다. 마치 몇 걸음만 가면 뷔페가 차려졌는데 그 옆에서 굶어 죽는 사람을 보는 심정이었다. 당신이 원하는 돈은 바로 여기에 있다. 기회, 고객, 훌륭한 돈벌이 아이디어, 이 모든 것이 지금 여기에서 당신이 깨어나 자기를 받아주기를, 그리고 축제를 시작하기를 기다린다는 말이다.

CHAPTER 01

외로워도
슬퍼도
부자인 게 낫다

나에게는 올빼미 수집품을 엄청나게 소장한 친구가 있다. 모든 일은 어느 날 오후에 자기 어머니 앞에서 나무를 깎아 만든 올빼미 조각상을 살 때부터 시작되었다. "흠, 그게 귀엽니?" 친구 어머니는 다른 가족에게 이 소식을 전했다. 그리고 소문은 들불처럼 퍼져나가서 내 친구는 현재 올빼미 냄비 집게, 시계, 귀걸이 등 올빼미 모양이 새겨진 온갖 물건에 둘러쌓였다! 생일, 명절, 졸업식 등에 받은 올빼미 떼가 천장에서 날아 내려오고, 선반에 앉아 있고, 벽에서 날개를 퍼덕이고, 벽장에서 밖을 엿보는 모습은 마치 공포 영화 같았다.

"왜 이렇게 손 쓸 수 없는 지경까지 온 건지 모르겠어."

하루는 시누이가 보내준 '올빼미는 언제나 당신의 친구'라는 십자수 벽걸이 포장을 풀면서 이렇게 한탄하기도 했다. 친구가 마침내 용기를 내서 다들 정말 고맙긴 하지만 이제부터는 주변에 올빼미를 두지 않겠다고 선언한 뒤 올빼미 선물을 받지 않기까지는 몇 년이나 걸렸다. 주변 사람과 가족은 놀라고 상처받고 분개했다. 결국 올빼미의 맹공격이 멈추긴 했지만 다들 친구를 미친 사람처럼 대했다. "좋아, 네가 그러길 원한다면…… 그래도 말이지……."

사람은 타인의 의사와는 상관없이 무엇을 좋아하고 싫어해야 하는지를 이러쿵저러쿵 떠들기를 좋아한다. 설상가상으로 우리는 주변의 영향을 매우 잘 받기에, 내면 깊은 곳에서 느끼는 감정에 상관없이 자기가 무엇을 좋아하고 싫어해야 하는지를 타인의 뜻에 따라 정한다. 조심하지 않으면 몇 년 혹은 평생 자신에게 괴로움을 안겨주는 상황에 머무를 수도 있다. 왜냐하면 우리는 누군가를 화나게 하거나 실망하게 하기보다는 차라리 이렇게 거짓을 지키려고 하기 때문이다. 다시 말해, 자기 자신이 좋고 올바르다고 느끼는 일을 하기보다는 남들이 기대하는 일을 하려 한다.

일례로 내가 악취 나는 재정 구덩이에서 빠져나오기 위한 첫 번째 시도를 했을 때, 거기에서 나가기를 간절히 바랐음에도 도로 구덩이 안으로 굴러떨어지고 말았다. 이 시도는 월러스 워틀스라는 작가가 쓴 《부의 비밀The Science of Getting Rich》과 관련이 있다. 내가 어떤 이유로 그 책을 집어 들었는지는 기억나지 않는다. 이유야 무엇이든지 다 가능했을 것이다. 아침에 일어나니 고개를 도저히 왼쪽으로 돌릴 수가 없어서 대학교 때부터 쓰던 요 대신 매트리스에서 자야 할 때가 되었다고 결심했을 때? 어떤 사람에게 집에 있던 촛대를 선물했는데 알고 보니 그 사람에게서 받은 선물인 것을 깨달았을 때? 나는 이 책의 첫 문장을 단어 하나 빼놓지 않고 전부 기억한다. 우리 집의 거실과 주방 그리고 침실과 손님방을 모두 겸한 곳에 앉아서 이 책을 읽을 때, 첫 번째 문장이 튀어나와 내 눈을 때리면서 마음을 불쾌하게 했기 때문이다.

"어떤 미사여구를 동원해서 가난을 두둔하더라도, 부유해지지 않으면 진정으로 완벽하거나 성공적인 삶을 살 수 없는 것이 사실이다."

무슨 소리야, 워틀스! 가난해도 행복하게 살면서 완벽하게 성공한 기분을 느끼는 사람들이 많다고! 내가 가난하기 때문에 성공이나 완벽과 거리가 멀다는 것은 분명히 요점을 벗어난 말이다. 돈을 더 많이 벌어야 한다는 생각은 받아들일 수 있다. 하지만 반드시 부자가 되어야 한다고? 그것은 받아들일 수 없는 일이었다. 워틀스가 그렇게 깊이가 없고 무식한 사람이라는 사실에 혐오감이 들어서 책을 탁 덮고는 오랫동안 다시 펴들지 않았다(다시 책을 폈을 때는 이 책이 인생을 완전히 바꿔놓았다). 그리고 그 후 몇 년간은 돈을 거의 벌지 못했다.

대신 계속 악착같이 일하면서 여기저기에서 보수가 낮은 일거리를 얻고, 기사를 쓰고, 급식업체에서 일하고, 아기도 돌보고, 뜨개질했다. 게다가 뜨개질한 물건을 팔려고 시도하기도 했다. 몹시 힘들며 금세 부자가 될 수도 없는 일들이었지만 그래도 지금까지 하던 방식대로 일하는 편이 나에게 더 가치가 있는 것이 분명했다. 돈을 보는 부정적인 시선을 긍정적으로 바꾸고 내가 하는 일을 변화시키는 것보다 말이다. 더는 염가 판매점에서 식료품을 사고 싶지 않다는 욕구보다 돈은 사악한 존재라는 사실과 돈을 버는 내 능력에 집착했다.

　많은 돈을 버는 데 가장 큰 장애물은 기회와
　시간의 부족, 어리석은 행동이 아니라 부자가
　되는 것을 스스로 허락하지 않는 일이다.

진정한 삶은 사랑하는 이와 함께 시간을 보내면서 석양을 바라보고, 신나게 떠드는 아이의 웃음을 들으며 즐거워하는 등 돈으로 살 수 없는 일을 즐기는 것이라고 주장하는 모습을 나는 수없이 봐왔다. 그런 사람과 언쟁하고 싶지는 않지만 이것만은 묻고 싶다. 우리가 돈 버는 일을 이야기할 때 왜 이런 화제가 나오는 것일까? 언제부터 이것이 선택의 문제가 되었는가? 당신이 부를 추구한다고 해서 가족 모임에 참석하거나 강아지를 안아주거나 공원을 산책하는 등을 하지 않는 것은 아니다. 사실 제대로만 한다면 이런 즐거운 일에 더 많이 시간을 쏟을 수 있다. 가족 모임에 참석하려고 차에 기름을 넣을 수 있는 것은 물론이고, 커피를 사 마시며, 괜찮은 옷을 차려입고 놀러 나가고, 늘어난 빚더미에 대한 고민에서 벗어나 예능 프로그램을 보며 깔깔거릴 수 있다.

　우리는 모두 각자만의 욕구와 재능을 지니고 태어난다. 당신은 살아가는 동안 자신의 욕구와 재능이 무엇인지 파악하고 그것을 거름 삼아 멋지고 훌륭하게 자신을 꽃피워야 한다. 현대 사회를 살아가는 인간이 이렇게 살려면 부유해야 한다. 저택과 요트가 없는 삶은 무의미하다는 뜻이 아니다. 부유함은 진정한 삶을 온전히 살아가는 데 필요한 모든 것을 경험할 수 있는 것이다.

당신에게 필요한 돈의 액수는 당신이 누구고 원하는 것이 무엇인지에 따라 달라지지만, 아무도 무임승차할 수는 없다. 우리는 성장, 행복 추구, 자기표현과 관련한 거의 모든 일에 돈이 필요한 세상에서 살아간다. 당신이 화가라면 물감, 작업실, 영감을 주는 여행, 동료 예술가와 함께하는 저녁 식사, 전시회 미술관 입장료 등등에 돈을 낼 것이다.

당신에게 필요한 것은 죄책감과 혼란과 두려움이 가득한 매우 정신없는 존재인 욕망이다. 그리고 가장 큰 기쁨을 느끼는 데 무엇이 정말 필요한지 대답할 수 있는 유일한 사람은 당신뿐이다. 생각은 내부와 외부에서 끊임없이 주고받는 것에서 명확해진다.

예컨대 당신도 이와 비슷한 경험을 했을 수 있다. 누군가의 호화로운 집에 갔다가 떠날 때 이런 기분을 느끼는 것이다. '나도 모든 방에 스피커를 연결해 저렇게 소리가 울리게 하고 싶다! 오랜 세월 동안 어떻게 그런 것도 없이 살 수 있었지?' 그 직후에 다른 친구를 만나러 갔다. 그런데 그 친구는 20여 년 전 대학교 다닐 때 입던 것과 똑같은 옷을 입고, 그때와 같은 낡아빠진 차를 몰고, 예전의 그 형편없는 스테레오 시스템을 사용한다. 굳이 괜찮은 물건을 내버리고 왜 새것을 사서 쓰레기를 늘려야 하느냐고 생각하기 때문이다. 그 말을 듣자 갑자기 집에 스피커를 달고 싶어 한 자신이 더럽게 느껴진다.

　살면서 어떤 결정을 내리든 의견이나 정보가 서로 상충하지 않는 경우는 없다. 특히 돈처럼 논란의 여지가 많은 부분에서는 더욱 그렇다. 자기가 자란 방식, 살아온 사회, 주변 사람에 따라 우리 머릿속에는 큰돈을 버는 것이 정말 중요하다는 생각부터 남에게 뒤져서는 안 되며 고귀하고 훌륭한 사람이 되기 위해서는 적은 돈으로 생계를 유지해야 한다는 온갖 생각이 들어차 있다. 이 중에서 중요한 것은 진실하게 느끼는 자기 생각이다. 따라서 자신의 직감과 마음에 귀 기울이면서 행복을 누릴 수 있는 능력을 키우는 것이 정말 중요하다. 그리고 욕망에 따라 사는 데 필요한 돈을 모두 번다고 해서, 곧 탐욕스럽고 이기적인 사람이 아니라는 것을 자기 스스로 알아야 한다.

　탐욕은 빈곤과 마찬가지로
　결핍된 마음에서 생긴다.

부자가 되는 것은 탐욕스러운 일이라거나 자기는 돈을 벌 자격이 없다는 생각은 전부 부족함에 뿌리를 둔 마음이다. 결핍은 자기가 무언가가 필요하다고 생각하거나, 자기가 원하는 것이 존재하지 않는다고 여기는 것이다. 또한 삶을 채워도 채워지지 않는 구멍 뚫린 유리잔으로 보는 상태다. 결핍된 사고방식을 지닌 사람은 자기는 훌륭하거나 가치 있는 사람이 아니라고 생각하며, 돈을 써버리면 다시는 자기 수중에 돌아오지 않는다고 여긴다. 돈과 물건, 경험을 돼지처럼 탐하는 것은 두려움과 결핍에서 나온다. 정도가 지나치면 무엇이든지 유익하지 못하다. 폭식은 거식증만큼이나 치명적이기에, 탐욕은 위험하다. 그렇지만 자기 마음속의 욕망을 부인하는 것은 고상하지 않다. 그것은 좋은 욕망을 낭비하는 짓이다. 그리고 세상을 더 많이 누릴 유일한 기회를 부인하는 행동이다.

세상의 모든 고통과 괴로움에 때로 절망을 느낀다면, "다른 사람은 굶어 죽는다는데 난 부자가 되려고 하다니 대체 어떻게 돼먹은 인간인가"라는 걱정이 든다면 이것을 알아야 한다. 이런 상황에서 당신이 할 수 있는 가장 좋은 일이 바로 부자가 되는 것이다. 세계는 돈과 권력이 서로 뒤얽혀 있으므로 긍정적인 도움을 주고 싶다면 돈을 이용해야 한다. 돈은 당신이 활용할 수 있는 가장 효과적인 도구다. 지금도 당신은 자신의 시간을 기부하고, 페이스북에서 격한 분노를 터뜨릴 것이다. 하지만 금전적인 문제를 걱정하지 않아도 되는 여유와 자신이 옳다고 여기는 일에 쓸 자원이 있다면 훨씬 더 효과적일 것이다. 권력을 사고팔며 욕심만 채우는 얼간이를 불평하거나 질겁하기만 하지 말자. 그런 인간처럼 되고 싶지 않다는 이유로 계속 무일푼으로 살면서 더 많은 권력을 넘겨주지 말고, 부자가 되는 데 집중하면서 큰 변화를 일으켜 보는 것이 어떻겠는가? 돈이 있으면 정말 멋진 일을 할 수 있다.

자기가 가지지 않은 것을 나눠줄 수는 없다. 그렇기에 다른 사람을 도우려면 먼저 자신을 돌봐야 한다. 비행기를 타면 늘 다른 사람의 산소마스크 착용을 돕기 전에 자기 산소마스크부터 착용해야 한다고 말하는 이유도 이 때문이다. 굳이 우리에게 그래야 한다고 상기시키는 이유는 이 행동이 반직관적이기 때문이다. 소시오패스가 아니라면 누구나 본능적으로 남을 도우려고 한다. 다른 사람을 돕거나 기쁘게 하는 것만큼 우리 마음을 밝혀주는 일도 별로 없다. 하지만 자신의 재정 상황이 든든해야만 남을 도울 수 있다는 사실을 잊지 말자.

어느 때보다 자비로우며 창의적이고 의식 있는 사람이 부자가 되어야만 세상을 원상 복귀할 수 있다. 당신과 사랑하고 존경하는 모든 사람에게 돈이 아주 많다고 상상해보라. 그리고 돈 때문에 기분이 나쁘거나 죄책감에 시달리지 않고, 자기가 부자라는 사실에 감사한다고 가정하자. 그리고 자기 자신과 타인 그리고 세상을 위해 돈을 쓴다면 어떨까? 잠시 시간을 내서 당신과 소중한 사람에게 행복을 안겨줄 수 있는 구체적인 방법을 상상해보자. 당신이 생각한 세상이 나와 비슷하다면 부자가 된다는 개념 자체가 사랑 노래만큼 가치 있을 것이다.

나는 앞으로도 계속 큰 소리로 외칠 것이다. 나는 돈을 좋아한다고. 이를 설명하거나 사과할 필요는 없다. 난 피자도 좋아하지만 그 말을 할 때는 수많은 면책조항을 집어넣지 않고도 할 수 있다.

'돈'이라는 말의 위신을 회복하고 처벌 대상에서 제외하자. 그렇게 하기 전에는 자기가 많은 돈을 벌도록 허용할 동기를 찾을 수 없기 때문이다. 난 빈털터리일 때도 슬펐고 부자가 된 뒤에도 슬펐다. 빈털터리일 때도 행복했고 부자가 된 뒤에도 행복했다. 그리고 앞으로는 언제나 빈털터리가 아닌 부자의 모습을 택할 것이다. 왜냐하면 돈은 자유와 선택권을 주기 때문이다. 나는 자유와 선택을 정말 좋아한다. 누구인들 안 그렇겠는가?

그리고 이제 부자를 처벌 대상에서 제외하는 것은 어떨까? 대중의 생각과 달리 부자도 그냥 사람일 뿐이며, 본래 추잡하지도 않고 강탈당해도 싼 존재가 아니다. 우리는 돈 많은 사람을 비판하는 것을 자랑스러워하는 사회에 산다. 그래서 부유한 사람을 의식적으로 어떻게 생각하는지와 상관없이 우리 마음속에 부정적인 생각이 깊숙이 잠재한다는 것을 깨달아야 한다. 물론 진짜 이상한 부자도 일부 있긴 하지만 정말 괜찮은 부자도 있다. 가난한 사람 중에도 이상한 사람과 정말 괜찮은 사람이 있는 것처럼 말이다. 문제는 누가 벤틀리를 몰고 지나가거나 올해 돈을 얼마나 많이 벌었는지 말하는 대상을 향해 눈을 치켜뜨는 것이 사회적으로 용납된다는 것이다. 또한 돈이 없다고 불평하거나 구제 가게에서 5달러에 부츠를 장만했다고 밝히는 것이 정상적인 대화라는 사실이다. 속물근성은 양방향으로 작용한다. 무일푼이면서 자기가 부자보다 더 낫다고 생각하는 것은 부자가 가난한 사람보다 자기가 더 낫다고 생각하는 것만큼이나 이상하다. 자기 입에서 무의식중에 부자를 폄하하는 발언이 튀어나오지 않도록 주의를 기울이자. 당신도 부자가 될 계획이라면 자기가 되고자 하는 존재를 인정해야만 그 일이 더 쉽다.

깊게 심호흡하면서 자신의 욕구가 정당하다고 믿고, 부의 추구는 좀 더 진정한 내가 되고자 추구하는 과정이라는 사실을 받아들이자. 누구나 다 거창하고 멋진 인생을 보내고 싶어 한다. 세상의 기아 문제를 해결하고 싶어 하는 것은 아니겠지만. 이것은 그것과는 다른 문제다. 아무튼 이는 어떤 모습이든 본인이 생각하는 최고의 존재가 되도록 자신에게 자유를 부여하는 것이며, 당신은 성공하기 위해 산다.

당신이 이런 사람 옆에 있다고 생각해보라. 자신의 진정한 모습으로 살아가는 사람, 삶의 즐거움에 취해서 원하는 목적을 추구하고 무엇이든지 가능하다고 믿는 사람, 아니면 진정한 자기 자신이 되기 위해 무엇이든 하고, 가지는 사람 말이다. 그런 사람이라면 당장 나가서 차라도 번쩍 들어 올릴 듯한 기분이 들지 않겠는가? 당신도 그렇게 되지 못하란 법이 어디 있겠는가?

당신이 정치인이라면 최대한 적극적으로 활동해야 하고, 변호사라면 옳은 일을 위해 싸워야 하며, 전업주부라면 집안을 잘 관리해야 한다. 전부 중요하고 어디든 도움이 되는 일이다. 우리는 똑같이 중요한 존재이지 서로 경쟁자가 아니다. 모든 사람이 똑같은 일을 똑같은 방식으로 할 수는 없다. 그래서 우리는 자신의 특별한 자아로 이 세상의 특별한 자리를 채우고 싶어 한다. 당신의 재능과 능력, 욕구는 성공을 위해 주어졌다는 것을 깨닫고, 자기만의 방식으로 자신의 참 모습을 세상과 공유해야 한다. 그렇게 하려면 자신의 위대함을 타인과 나누는 데 필요한 만큼 부를 쌓아야 한다.

7개월 만에 연 수입을 2만 달러에서
14만 5천 달러로 늘린 54살 찰스

나는 항상 돈을 좋아한다고 생각했다. 하지만 사실 제대로 돈을 벌어본 적이 없기에 늘 돈 문제를 겪는다는 것을 깨달았다. 진지한 자기 성찰 끝에 안 사실이 있다. 나는 결손가정에서 가난하게 자랐고 아버지는 자녀 양육비를 보낸 적이 없다. 아버지의 행동을 나는 아무 가치도 없는 인간이라는 메시지로 받아들였고, 이를 곧 진실이라고 여기게 되었다. 그래서 평생 이런 생각이 성공을 방해하도록 방치했다.

그러다가 내 훌륭한 점을 되새기면서, 내 주위의 모든 사람과 물건 그리고 아직 얻지 못한 것에 감사를 표하기 시작했다. 그러자 성격이 바뀌고 더 긍정적인 사람이 되었으며 전에는 가능하다고 생각지 못한 일을 해냈다. 또 자기 계발을 위해 기술을 배우기 시작했는데, 개중에는 큰 희생을 감수하면서 배운 것도 있다.

그리고 수백 번씩 면접을 보러 다니면서 익숙해질 때까지 구직 면접을 연습했다. 그 과정에서 도움이 된 것은, 나를 고용한 이와 주변 사람보다 내가 더 지식이 풍부하고 숙련된 기술을 갖추었다는 것을 안 사실이다. 덕분에 자신감이 서서히 높아지기 시작했다.

계속해서 면접을 보러 다니다가 마침내 직장을 옮겨 1년에 14만 5천 달러가 넘는 연봉을 받는다.

지금은 내가 살아본 집 가운데 가장 좋은 집에서 살며, 아이들도 예전에 다니던 학교보다 훨씬 좋은 학교에 다닌다. 처음 가져본 최고 비싼 차를 몰고, 평생 가능하리라고 상상하지 못하던 호사를 누린다. 아직도 가끔 내 가치에 의구심이 들지만 계속 억누르려고 노력하면 떨칠 수 있다는 것도 안다. 이것은 정말 놀라운 기분이다.

CHAPTER 02

아직 돈방석에
앉지 못한
구질구질한 이유

내가 어릴 때 부모님은 가끔 우리 형제자매에게 좋은 옷을 입히고 아버지 친척이 사는 이탈리아 나폴리의 고향 마을을 방문하곤 했다. 지금도 그 여행의 추억이 생생하게 떠오른다. 처음 맛본 오렌지 주스는 형언하기 힘들 만큼 진한 자주색에 아주 맛있었다. 나는 호텔 방 발코니에 앉아 난간에 맨발을 올린 채 주스를 홀짝였다. 할아버지가 키우는 커다란 녹색 앵무새는 우리에게 이탈리아어로 소리를 질렀다. 고모가 우리를 껴안기 전에 열렬한 환영의 뜻을 담아 양팔을 번쩍 쳐들면 깜짝 놀랄 만큼 수북한 겨드랑이 털이 드러났다. 나는 여자가 그렇게 겨드랑이 털이 많이 난 것을 본 적이 없었다. 미국인인 내가 보기에 그것은 내 얼굴 앞에서 양다리를 활짝 벌리며 인사를 건넨 것만큼이나 무시무시하고 터무니없는 일이었다.

7살 때쯤 간 이탈리아에서는 삼촌이 가족 모두를 자기가 좋아하는 해산물 식당에 데리고 갔다. 바다가 내려다보이는 곳에 있는 식당의 커다란 테라스에 야외 테이블이 가득했다. 사람들은 너 나 할 것 없이 긴 탁자에서 가장 좋은 자리를 차지하려고 경쟁했다. 그리고 나는 그 혼란 속에서 운 좋게도 다들 가장 탐내던 아버지 옆자리를 차지했다.

아버지는 이탈리아를 여행할 때마다 관심의 대상이었다. 아름다운 미국인 아내와 자랑스러운 자식, 성공한 의사 경력을 내세우며 귀향한 집안의 늠름한 큰아들이라는 명성 때문만은 아니었다. 이탈리아어와 영어를 둘 다 구사하는 유일한 인물이었기 때문이다. 그 말은 곧 누군가 무슨 말을 할 때마다 가족 스무 명이 얼른 통역해주기를 바라며 눈을 아버지에게 고정하고 깜박거렸다는 뜻이다. 그래야만 우리가 서로 얼굴을 쳐다보며 웃거나 고개를 끄덕이거나 서로의 말 뜻을 제대로 이해했다고 느낄 수 있으니까 말이다.

다들 자리를 잡고 앉자마자 식당 주인이 테이블로 와서 삼촌을 환영하는 극적인 장면을 연출했다. 삼촌도 자기 나름대로 유명 인사인 것이 틀림없었다. 악수와 볼 꼬집기와 환영 인사가 한참 이어지다가 마침내 그가 양손을 짝 소리 나게 마주치면서 "잘 오셨습니다! 다들 배가 고프셨으면 좋겠네요!"라며 식당 안쪽으로 사라졌다. 잠시 뒤, 앞으로 4시간 동안 쉬지 않고 이어질 음식 퍼레이드가 우리 앞에 등장하기 시작했다.

그러다가 종업원이 동그란 모양의 튀김이 가득 쌓인 접시를 들고 오자, 아버지는 나를 무릎으로 끌어와 앉히면서 한번 먹어보라고 했다.

"이게 뭔데요?"

"그냥 한번 먹어봐."

"네, 그런데 이게 뭐예요?"

아버지는 내 질문에 대답은 안 해주고 테이블에 앉은 다른 사람들에게 접시를 가리키면서 이탈리아어로 뭐라고 말했다. 내가 알아들은 말은 "젠"과 "먹어봐", 그리고 그 뒤에 이어진 웃음소리뿐이었다. 그런데 스무 명이 갑자기 무섭게 느껴지는 동그란 튀김이 담긴 접시와 나를 쳐다보았다. 아버지는 가족 내에서 유명 인사임에도 사실 매우 수줍음을 많이 타는 사람이었기에 이런 진실 게임 같은 상황을 벌이는 모습은 아버지답지 않았다. 그래서 아버지가 이렇게 야단법석을 떠는 것을 보면, 저 접시에 놓인 음식이 무엇인지는 몰라도 대단히 나쁜 것이라고 확신했다.

곧바로 벌레일지도 모른다는 생각이 들었다. 다른 것일 리가 없다. 외국에서는 거미나 동물의 눈알 심지어 뇌를 먹는다는 이야기를 자주 듣지 않았던가. 그러니 분명 어떤 사람은 벌레도 먹을 것이다. 요리사가 벌레를 동그란 모양으로 말아 반죽을 묻혀 튀기는 모습을 쉽게 상상할 수 있었다. 그렇게 만들 수 있는 다른 생물이 무엇이 있겠는가? 답은 오직 하나, 벌레뿐이다.

이렇게 생각하니 말할 수 없이 불안했지만, 가족이 다 지켜보는 앞에서 놀림을 당하는 것도 싫었다. 게다가 진실 게임에서 지는 것은 더 싫었기 때문에 수수께끼의 음식을 힘겹게 입에 넣고 씹었다. 그리고 입속에서 벌레가 터지기를 기다리는 동안 몸을 움찔거리며 억지로 구역질을 참았다. 하지만 놀랍게도 내장 같은 것은 없었고, 오히려 고무 밴드를 먹는 듯했다. 씹기 힘들고 아무 맛도 없었다. 그때 아버지가 나를 보며 "오징어란다!"라고 외치자 다들 박장대소했고 고모는 내 머리를 가볍게 두드려주었다. 하지만 펄펄 끓어오르는 깊은 증오와 굴욕감에 사로잡힌 나는 화장실로 달려가 울음을 터뜨렸다.

나는 생선을 좋아하는 아이였다. 내가 입에 넣은 것이 무엇인지 알았더라면 구역질과 벌레를 삼키려고 애쓰는 내 모습을 흉내 내는 동생 정강이를 세게 걷어차서 꾸지람 듣는 일은 피했을 것이다. 결국 내가 겪은 이 사건의 요점은 바로 이것이다.

우리의 '현실'은 환상이다.
자기가 무엇을 믿든 우리는 그것을 경험한다.

우리 인간의 경험을 형성하고 변화시키는 일에서는 정신이 모든 외적 '진실'보다 우위를 차지한다. 돈은 나쁘고 벌기도 힘들다고 여긴다면, 은행 계좌에 먼지만 쌓일 것이다. 강한 종교적 신념은 전쟁부터 화려한 예배당, 자선기금 마련을 위한 행사에 이르기까지 모든 일에 영감을 불어넣는다. 당신이 자신을 멋지고 섹시하다고 믿으면 거리를 스쳐 가는 모르는 사람에게 수작을 걸기는 쉬울지도 모른다. 그리고 자기가 벌레를 먹고 있다고 믿는다면 구역질이 날 것이다.

신경과학자 빌라야누르 라마찬드란Vilayanur Ramachandran은 믿음의 힘을 이용해서 극심한 고통을 겪는 사지절단 환자의 통증을 완화한다. 팔다리를 잃은 사람은 대부분 환지통을 겪는데, 이는 절단되어 없는 신체 부위에서 여전히 통증을 느끼는 현상이다. 아프다고 느끼는 사지가 존재하지 않기에 그곳을 마사지하는 등 다른 방법으로 통증을 완화할 수도 없다. 그러니 얼마나 괴로운 고문이겠는가?

라마찬드란은 거울을 이용해 환자에게 남은 다른 사지를 잘린 사지가 있던 부분에 비추어서 사지가 아직 존재하는 것처럼 보이게 한다. 존재하지 않는 것을 존재한다고 뇌가 믿게 함으로써 환자가 물리적 현실을 변화시키도록 도와주는 방법이다. 즉, 심리적으로 통증을 완화하는 것이다.

당신의 외부 세계는 내면세계의 거울이다.

어떤 생각 때문에 금전 생활이 엉망이 되었다면, 예를 들어 '난 뭐 때문에 돈을 못 벌어', '난 싱글맘이야', '인적이 드문 곳에 살아서 일자리가 없어' 등과 같은 생각을 믿지 않도록 우리는 마음을 바꿀 수 있다. 이를 통해 우리가 얼마나 강한지, 얼마나 간단한 방법으로 삶이 바뀌는지 알 수 있다. 말 그대로 자기가 생각하고, 믿고 싶은 것을 믿으면 원하는 현실을 만들 수 있다. 이 얼마나 대단한 일인가!

우리의 생각과 말, 그리고 믿음은 살면서 경험하는 모든 일의 뿌리를 이룬다. 그래서 자기 머릿속에서 돌아다니는 생각과 입에서 나오는 말을 의식적으로 선택하는 것이 당신이 할 수 있는 가장 중요한 일이다. 이렇게 생각과 믿음, 말을 의식적으로 택하는 것을 사고방식 숙달이라고 한다. 그리고 주변 환경에 휘둘리지 않고 주도적으로 멋지게 살고 싶다면 본인 생각을 좌우할 수 있어야 한다.

당신의 사고방식이 작용하는 모습은 다음과 같다.

현실을 만드는 신념

—

사람은 대부분 돈과 관련된 자신의 신념이 꽤 옳다고 여긴다. 하지만 미처 깨닫지 못한 사실은, 이것은 의식적인 생각일 뿐이며 저 아래 깊숙한 곳에는 모든 결과를 통제하는 하드웨어 같은 잠재의식이 존재한다는 것이다. 그래서 의식으로는 자기가 정말 돈을 중요하게 여기더라도 잠재의식이 부자가 되면 가족 모임에서 따돌림을 당한다고 믿는다면 앞으로도 돈을 많이 벌기는 힘들다. 그 이유를 알아보자.

잠재의식은 7살 나이에 아버지가 죽어서 갑자기 왕이 된 왕자와도 같다. 그는 앞뜰에서 공중제비를 넘거나 바지를 내리다가 수집한 정보로 성인이 되어 당신의 인생 왕국을 다스린다. 이 말은 곧, 제대로 처리된 정보가 하나도 없다는 뜻이다.

당신이 갓 태어났을 때는 돈을 대하는 태도나 신념 같은 것이 없다. 텅 비고 개방되어 무엇이든 다 받아들일 수 있는 상태로 이 세상에 도착한다. 그리고 주변 사람이나 경험으로 배운 내용을 근거로 돈의 '진실'을 파악한다. 이런 정보는 뇌가 충분히 발달하고 어떤 여과 장치나 분석 능력이 생겨서 '잠깐만, 부모님이 돈 때문에 늘 싸운다고 해서 돈이 나쁜 건 아니야. 아버지는 그저 어머니가 자기보다 돈을 많이 벌어서 질투하는 것뿐이라고' 같이 생각하기 전에 모두 잠재의식 속으로 흘러든다.

어릴 때는 이런 정보가 어른보다 훨씬 단순한 어린아이 수준의 관점을 통해 흘러 들어간다. 자기 앞에서 벌어지는 일을 액면 그대로 받아들인다는 말이다. 따라서 위의 예처럼 어릴 때 부모가 돈 때문에 싸우는 모습을 보며 자랐다면 돈 = 싸움 = 무섭다 = 나쁜 것이라고 믿을 수 있다. '내가 돈을 벌면 사람들이 나한테 소리를 지르고 싫어할 거야.' '돈과 관련된 화제가 나올 때마다 누군가를 비난하기 바쁘니 돈은 정말 무서운 건가 봐.' 이렇게 매우 기본적이고 감정적인 형태를 띤 정보가 그대로 진실이 되어 잠재의식 속에 자리를 잡는다. 그리고 평생 그 자리에 머무른다. 그런데, 그것이 긍정적이고 유용한 정보라면 도움이 되겠지만 그렇지 않다면 원하는 삶을 살아가는 데 방해받는다.

잠재의식은 다음과 같은 세 가지 기본 속성을 가진다.

1. 원시적이다

잠재의식의 가장 큰 관심사는 생존이다. 자기 몸을 스스로 돌보거나 지킬 수 없는 어린아이가 사랑을 잃고 버려진다는 것은 말 그대로 죽음이나 마찬가지다. 따라서 우리가 위험에 가까이 접근할 때마다 '어린 왕자'가 미처 날뛰면서 우리를 막으려고 한다. 이것이 바로 자기 마음에 들지 않는 생활에서 벗어나지 못하고 계속 그 상태에 머무르는 주된 이유다. 우리는 시도했다가 실패하거나 성공하고, 새로운 의견을 내세우고, 새로운 사랑을 찾고, 새로운 걸음을 내디디는 위험을 무릅쓰고 싶어 하지 않는다. 다른 모습으로 변하면 사랑하는 사람이 우리를 버릴지도 모른다는 두려움 때문이다.

2. 교활하다

사람은 대부분 이런 근본적인 신념 때문에 늘 방해를 받는다는 것을 잘 모른다. 우리는 의식적으로 하는 생각만 인식한다. 그렇기에 그런 생각에만 공을 들이고 진짜 원인은 건드리지도 않은 채 그냥 놔둔다. 그래서 별로 마음에 안 드는 사람과 몇 번씩 데이트하고, 나를 사람 취급도 안 하는 상사 밑에서 계속 일하고, 돈은 벌자마자 다 써버리는 등 만든 패턴 안에 자신을 가둔다. '어린 왕자'와 현 상황에 의문을 제기하지 않는 의식적인 생각이 지배권을 쥔 셈이다.

3. 권좌에서 물러나고 싶어 하지 않는다

'어린 왕자'는 당신이 변화하려고 시도하면 온갖 성질을 다 부리면서 떼를 쓴다. 유치원 교사로 일하던 것을 그만두고 꿈꾸던 어린이집 사업을 시작하겠다는 대담한 결정을 내린다고 가정해보자. 당신은 매우 명확하고 간단명료한 재무 목표를 세우고, 돈을 대출받기 시작한다. 그리고 "돌봄 어린이집" 같은 어린이집 이름을 짓는 등 만반의 준비를 할 것이다. 그러는 사이에 내심 부모에게 배운 대로 성공보다는 고생하는 과정이 더 가치가 있고 내가 돈을 벌면 사랑하던 이들이 나를 비난할지도 모른다고 생각한다면? 잠재의식 속의 자아는 갑자기 도움을 줄 사람에게 싸움을 건다거나, 일을 질질 끌거나, 말도 안 되는 투자를 한다거나, 중요한 회의 전날 밤에 술에 잔뜩 취하는 등으로 당신을 '보호'하려고 할지도 모른다.

자신의 본질을 바꾸고자 할 때는 사람은 기본적으로 낡은 정체성을 없애는데, 그러면 잠재의식이 흥분해서 날뛴다. 변화는 미지의 세계로 몰아넣고 온갖 종류의 손실을 입을 위험을 감수하게 하지만 그와 동시에 상상조차 못 해본 멋진 세계로 이끌어주기도 한다. 바로 그래서 심한 두려움이 표면화하는 것이다.

'어린 왕자'는 당신을 안전이 확인된 곳, 즉 안전지대 안에 두려고 필사적으로 애쓴다. 하지만 당신이 아는 인생의 진리가 현재 상황과 더는 어울리지 않는다면 그것은 마치 36살이 된 지금 어릴 때 입던 솜바지에 몸을 끼워 넣으려고 애쓰는 것이나 마찬가지다. 전혀 편안하지가 않다는 이야기다. 하지만 우리는 늘 그렇게 행동한다. 너무 꼭 끼어서 혈액순환을 방해하고 우리가 간절히 원하는 모습이 되지 못하게 가로막지만, 그래도 한 번도 입어보지 못한 옷을 시도하는 것보다 어릴 때부터 입던 푹신한 바지가 익숙하고 아늑하기 때문이다. 우리는 아무 도움도 안 되는 친숙함에 지나치게 애착한다. 그래서 눈부신 미지의 세계로 뛰어들어 진정한 모습으로 성장하기보다는, 현재의 모습을 고수하는 핑곗거리를 만드느라 매우 소중하고 유한한 시간을 허비한다.

당신에게 편안한 곳은 평생 즐겨한
변명으로 아름답게 꾸며졌다.

당신을 보호하려는 '어린 왕자'를 좋은 친구라고 여기며 사랑하겠지만, 이제는 스스로 나서서 어른의 왕관을 쓰고 왕국을 되찾고 권력을 잡아야 한다.

고압적인 '어린 왕자'와 함께하면 세속적인 안전을 추구하느라 꿈꾸는 인생을 살지 못한다. 그런데, 여기서 우스운 것은 '그런 안전이 존재하지도 않는다는 사실이다!' 사람은 안정적이지만 싫어하는 직장에서 평생 묵묵히 일하고, 혼자가 되는 위험을 피하려고 좋아하지도 않는 이들과 관계를 유지한다. 또 만일의 사태에 대비해 돈을 모으느라 재미있는 일에는 절대 쓰지 않는다. 하지만 아무리 안정적인 회사와 일자리라도 사라질 가능성이 있다. 또 갑자기 어떤 미친놈이 달려와서 당신을 죽어라 때릴 수도 있다. 언제 무슨 일이 생길지 모른다는 말이다.

물론 지금 이런 일에 관심을 집중해보았자 생산적이고 행복한 삶을 사는 데 도움이 되지는 않는다. 하지만 거짓된 안정을 위해 꿈꾸는 삶을 포기한다는 무의미하고 진 빠지는 함정에서 당신을 구하기 위해 이 사실을 상기시켜주고 싶다. 자신의 한계를 정해놓고 안전만 추구하기보다는 좋아하는 일을 하면서 인생을 살도록 마음을 자유롭게 열어야 한다고 말이다.

두려워하는 것에서 자신을 보호하려다 보면
완전히 재미있는 삶을 살지 못한다.

그렇다고 해서 자신을 위험한 상황에 노출하거나 "될 대로 되라지! 어쨌든 우린 떠날 거야. 애들 대학 자금으로 모아둔 돈으로 여행 가서 펑펑 쓰자!"라며 무책임한 미치광이처럼 행동하라는 것이 아니다. 두려움에 젖어 아무것도 못 하면서 살기보다는 성공한 삶을 살도록 자신을 자유롭게 풀어주라는 이야기다. 무언가를 잃을까 봐 전전긍긍하지 말고 자기가 정말 원하는 것, 무한한 가능성, 인생을 즐기는 데 집중해야 한다.

책임감 있게 행동하고, 미래를 위해 돈을 비축하며, 가족이나 친구와 함께 근사한 계획을 세우며, 돈을 현명하게 투자하며, 몸과 마음을 단련하고, 안전한 섹스를 추구하며, 공공장소에서 술에 취해 추태를 부리지 않는 등 아주 길고 행복한 생활이 자기 앞에 기다리는 것처럼 행동해야 한다. 하지만 너무 위험하다는 이유로 자기가 원하는 것을 포기하고 뒷걸음쳐서는 안 된다. 원래 사는 것 자체가 위험한 법이다. 마음이 진정으로 원하는 것이 있다면 그것이 인생을 만끽할 유일한 기회처럼 한번 경험해보자.

인생을 표현하는 말

—

현실에 대한 인식은 자기가 하는 말의 영향을 많이 받는다. 말은 우리의 생각과 신념에 활기를 불어넣고 반복을 통해 그것들을 우리 '현실'에 고정한다. 말은 정체성을 형성하는 데 도움을 준다. 우리는 쓰는 말과 특유의 어투에 집착한다. "난 기억력이 형편없어. 또 열쇠를 현관 앞에 두고 왔지 뭐야. 이런 멍청이 같으니라고!"

우리가 건망증이 심한 멍청이라고 자신에게 자주 말할수록 정말 건망증 심한 멍청이처럼 행동한다. 아이에게 넌 어리석다는 말을 많이 하면, 아이는 독학해서 중국어를 읽더라도 스스로 자기는 어리석다고 여긴다. 나는 40년 동안 날이면 날마다 대체 무엇을 하면서 살고 싶은지 모르겠다고 되뇌었다. 그 결과 수십 년 동안 무력하고 혼란스러운 태아 상태로 지냈다. 만약 "모르겠다"라는 말을 "내가 할 수 있는 일이 많아!"로 바꾸었다면, 수많은 황금 같은 기회에 문을 닫아거는 대신 마음을 열고 받아들일 수 있었을 것이다.

당신 입에서 나오는 말이 삶 속에 배어든다.

사람은 같은 말을 반복하는 습관의 동물이며, 말은 곧 마음속에 홈을 파는 끌 같은 구실을 한다. 같은 이야기를 계속 반복하면서 생각과 신념을 확고히 하고 현실을 정의한다. 우리가 하는 말은 암석 위를 흐르는 물과 같아서 시간이 지나면 엄청난 크기의 홈을 파는 힘이 있다. 당신은 말 그대로 생각이나 신념, 말이 만들어낸 틀이나 홈에 박힌 채 꼼짝달싹도 못 하는 상황이다. 여기에서 풀려나려면 의식적으로 새로운 홈을 만들어야 하는데, 그 일을 시작하는 좋은 방법은 긍정적인 의미가 담긴 새로운 말을 자신에게 주입하는 것이다.

언어는 현실에 이해 가능한 구조를 부여하여 우리 인식을 정의하고 형성한다. 예를 들어, 어제 한 일을 이야기하면서 왜 내일이 빨리 오지 않는지, 언젠가는 몸에 좋은 음식을 먹겠지만 지금 당장은 치즈 버거에 버터를 한 덩어리 올려 먹으면 맛이 어떨지 알아보겠다는 등을 말하면서 시간의 경계를 만들고 그것을 강화하는 것이다. 한편 아인슈타인의 말에 따르면 시간은 환상이라고 한다. 시간은 유연하고 비선형이며 하루를 24시간으로 나누는 것도 모두 거대한 사기라는 말이다. 그래도 여전히 일주일은 7일, 1년은 52주라는 견해를 철저히 고수하는데 이런 생각은 우리가 쓰는 언어로 '현실'이 된다. 아인슈타인의 연구 결과와 일치하는 방식으로 세상을 인식하는 호피 인디언의 언어에는 과거나 미래를 표현하는 단어가 없다. 그들은 본질적으로 현재에만 존재하기 때문이다. 심지어 '지금'이라는 단어도 없는데, 그 이유는 현재라는 말을 내뱉는 순간 이미 그때는 현재가 아니기 때문이다. 현실에는 무수히 많은 영역이 존재하며, 쓰는 말은 우리가 가진 인식을 나타낸다.

말은 우리에게 엄청난 설득력을 발휘하기도 한다. 누군가가 당신의 감정이나 생각이나 두려움에 직접적으로 호소하는 것이 얼마나 대단한 일인지 생각해보라. 적절한 순간에 적절한 말을 들으면 영혼 깊은 곳까지 편안한 기분을 느낀다. 또 그런 말의 힘은 너무도 강해서 공동체 전체가 독약을 탄 쿨에이드를 마시기도 한다(1978년에 벌어진 존스타운 집단 자살 사건을 가리킴 - 옮긴이). 따라서 "난 돈 문제에서만큼은 너무 바보 같아", "난 그럴 만한 형편이 안 돼", "난 그 부자 놈이 싫어" 같은 말로 자기가 돈을 정말 미워하고, 증오하며, 불신한다고 되풀이하지는 않는지 주의 깊게 살펴보아야 한다. 그리고 본인이 돈을 나쁘게 말한다는 것을 깨달으면 당장 그만해야 한다.

돈 버는 생각

—

생각은 '감정'을 자극하고,
감정은 '현실'을 이루는 행동을 불러일으킨다.

어릴 때 우리 옆집에는 내 또래가 많이 살았고 그 부모는 독일인이었다. 내가 크리스마스 2주 전쯤에 그 집에서 놀고 있을 때 매우 중요한 이야기를 들었다. 독일에서는 12월 초 성 니콜라스 데이에도 밤새도록 신발을 밖에 놔두면 다음 날 아침에 신발 안에 선물이 가득 들어 있다는 것이다. 세상에!

나는 곧장 집으로 돌아와서 내가 가진 신발 중 가장 큰 나막신을 골라놓았다. 날이 저물기까지 한참 기다리다가 저녁 식사가 끝나자마자 몰래 밖으로 빠져나가 앞문 옆에 나막신을 놔두고 들어왔다. 그날 밤 침대에 누워 부모님이 부엌 정리하는 소리를 듣는데, 갑자기 앞문을 열고 개를 부르는 소리에 심장이 튀어나올 듯이 놀랐다. 잠시 뒤에는 내 이름을 부르는 소리가 들렸다.

"젠! 당장 이리 내려와!"

어머니가 계단 아래에 서서 내 나막신을 머리 위로 흔들면서 왜 바깥에 나와 있는지 물었다. 나는 밖에 가지고 나갔다가 깜빡 잊어버리고 놔두고 온 모양이라고 중얼거리며 얼음장처럼 차가운 신발을 들고 다시 위층으로 살금살금 올라갔다. 좋다. 이제는 부모님이 잠든 뒤에 다시 몰래 빠져나가야 하고 들킬 경우에는 큰 곤경에 처할 것이다. 하지만 후탈이 (새로 산 나막신이라는 것이 제일 큰 문제였다) 아무리 무시무시해도 위험을 감수할 만한 가치가 충분히 있었다. 선물을 받을 수 있다지 않은가. 하지만 아침 일찍부터 밖에서 볼일을 봐야 하는 멍청한 개 때문에 또 들켰다. 결론적으로 선물은 하나도 못 받고, 한 달 내내 햄스터 우리를 청소하고 식기세척기를 정리하는 벌만 받았다. 게

다가 내 덕에 집안일에서 해방되어 기뻐하는 남매들 때문에 더 짜증이 났다.

우리는 감정에 이끌려 행동하는 동물이다. 무언가에 흥미를 느끼면, 지혜든 논리든 두려움이든 의구심이든 다른 것에는 귀를 기울이지 않는다. 감정은 우리에게 고귀한 모습과 정신이 박약한 모습 둘다 보이게 한다. 우리 팀이 월드컵에 출전해서 승리하면 흥에 겨워 길에 주차된 차를 뒤집어엎기도 하고, 발에 맞지도 않는 예쁜 신발을 사느라 수백 달러를 쓰고, 나막신을 바깥에 놔둔 일로 부모님께 두 번이나 혼날 위험을 무릅쓰기도 한다. 또 자기가 일할 '자격이 없는' 흥미로운 새 일자리를 받아들이고, 어려움에 처한 친구를 만나러 가려고 비행 공포증을 극복하며, 꿈꾸던 사업을 시작하기 위해 빚을 지기도 한다. 먼저 생각하지 않으면 감정을 품을 수 없다. 사고방식에 통달하고, 강력하고 긍정적인 감정을 끌어내는 생각에 집중하는 방법을 배운다면 내면의 두려움이나 '어린 왕자'가 당신을 방해해도 믿음의 도약을 이룰 힘을 얻는다. 이 모든 것이 생각에서 시작한다. 생각은 신념과 행동 방식을 바꿔놓을 변화를 불러오는 촉매제다. 내가 하는 말을 잘 이해하도록, 당신의 사고방식이 어떤 식으로 움직이는지 자세히 살펴보자.

신념은 버스를 운전하는 기사다. 당신이 주의를 기울이든 말든 상관없이 당신을 목적지로 데려간다. 생각은 버스 앞쪽에서 마이크와 메모판을 든 여행 가이드다. 이 가이드는 몸을 기울여서 핸들을 홱

잡아당기거나 급브레이크를 밟는 등, 자기가 원할 때마다 하고 싶은 일을 무엇이든지 할 수 있다. 평소에는 신념과 호흡이 잘 맞지만, 강력한 거부권이 있기도 하다. 말은 생각과 신념의 조력자다. 생각과 신념을 뒷받침하고, 그 의견을 대변하며, 메시지를 확실하게 전달한다. 그리고 감정은 연료다. 감정은 생각으로 점화되며, 감정 때문에 신념과 삶의 방향까지 바뀔 수 있다. 감정이 없으면 새롭고 흥미로운 곳으로 갈 수 없다. 행동은 길을 만든다. 신념을 위한 길을 닦아주지만, 생각과 감정이 계획을 변경해서 아이스크림 가게나 그런 곳에 들르기로 할 경우 경로를 바꾸기도 한다.

이런 몸과 마음, 정신의 모든 측면이 똑같은 욕구에 집중하면서 즐겁게 버스를 타고 간다면 원하는 부를 모두 손에 넣을 수 있다. 하지만 한 달에 5천 달러를 더 벌면 정말 좋겠다고 생각하면서도 정작 그렇게 할 수 있는 방법은 모른다거나, 사람들이 내 말을 진지하게 받아들이지 않을 것이라고(자기 자신도) 여기며 두려움과 깊은 의구심을 느낀다면 당연히 부를 얻지 못한다. 또는 하루에 영업 전화를 달랑 한 통 걸고는 금세 포기하고 맥주나 마신다면 별로 좋은 성과를 거두지 못할 것이다.

사고방식을 구성하는 모든 팀원이 경기장에서 최고의 능력을 발휘해야 한다고 생각하면서 그중 누구도 편애하지 않는다면 더없이 인상적인 경기가 펼쳐질 것이다.

당신의 생각이 최대한으로 잠재력을 발휘하게 하려면, 우리가 무의식중에 진실이라고 여기면서 종일 생각 없이 지껄이는 경우가 많은 돈에 관한 가장 일반적인 생각이 무엇인지 살펴보아야 한다.

다음 중 자기가 생각하거나 말한 적이 있는 내용이 있다면 거기에 주목하자. 별로 대단치 않은 재정적 '현실'에 걸린 주문을 깨기 위한 중요한 첫 번째 단계가 바로 올바른 인식이기 때문이다. 다음과 같이 연습해보자.

- 자신을 제한하는 생각이나 신념이 무엇인지 인식한다.
- 거기에 의문을 제기하고 자세히 살펴본다.
- 생각을 다시 고친다.
- 크게 소리 내어 자랑스럽게 말한다.

이것이 어떤 식으로 작용하는지 당신이 이해하도록 우선 몇 가지만 해보겠다.

도움이 안 되는 생각: 행복은 돈으로 살 수 없다.

질문: 날 행복하게 해주는 것은 무엇인가?

답변: 사랑하는 사람과 함께 시간을 보내는 것, 구운 치즈 샌드위치, 사랑받고 사랑하는 것, 배꼽 빠지게 웃는 것, 멋진 선물을 하는 것, 반려견과 놀기, 음악 듣기, 맥주 마시기, 내 사업체를 운영하는 것, 호화로운 여행, 자유, 마사지 받기.

질문: 이런 행복 가운데 돈으로 이룰 수 있는 일이 있는가?

답변: 있다.

생각 고치기: 돈은 내 행복을 뒷받침해준다.

도움이 안 되는 생각: 돈을 버는 것보다 즐거운 일에 집중하고 싶다.

질문: 돈을 버는 것은 즐거운가?

답변: 돈을 버는 것은 즐겁다. 하지만 돈을 벌기 위해서 해야 하는 일은 즐겁지 않다.

질문: 단 한 번뿐인 인생에서 즐거운 직업을 찾기 위해 시간을 들이는 것은 가치가 있을까?

답변: 그렇다.

질문: 마음먹은 일은 무엇이든지 가능하다는 것, 심지어 수익성 좋고 재미있는 직업을 가질 수 있다는 것도 아는가?

답변: 안다.

생각 고치기: 돈 버는 일을 즐겁게 할 수 있다.

이런 새로운 인식을 아직 백 퍼센트 믿지 않더라도, 요령 없는 원래 인식보다는 얼마나 희망을 안겨주는가? 정비사가 고장 난 엔진을 바꿀 때와 같은 부지런함으로 인식을 바꾸는 것은, 귀찮은 소일거리가 아니라 당신의 삶에 진정한 변화를 일으키는 방법이라는 것을 이해하는가?

완벽한 실패로 이어지는 다른 고정관념도 몇 가지 살펴볼 텐데, 당신에게도 익숙할지 모르겠다. 당신이 하는 생각이나 말이 있다면 찾아서 새롭게 구성해보자.

부자는 영혼이 충만하지 못하다.

돈이 중요한 것이 아니라, 사람이 중요하다.

빚은 절대로 지지 마라.

만일에 대비해서 돈을 절약해라.

부자는 운이 좋고, 역겹고, 이기적이며, 특권층이고, 속물적이며, 천박하다.

돈을 벌려면 열심히 일해야 한다.

좋아하는 일을 해서는 돈을 벌 수 없다.

나는 너무 무책임하고 게으르며 돈 버는 법도 모른다.

돈 이야기를 꺼내는 것은 예의 바르지 못한 일이다.

안정적이고 괜찮은 직업을 가지는 것이 중요하다.

돈을 벌었다고 좋아하는 것은 천박한 짓이다.

돈은 쉽게 손에 들어오지 않는다.

돈을 벌려면 좋은 대학을 나와야 한다.

돈 때문에 스트레스가 생긴다.

돈은 말썽의 근원이다.

돈을 벌려면 즐거운 삶을 포기해야 한다.

돈은 내 손에 닿지 않는 곳에 있다.

돈처럼 어디에나 있는 다른 대상을 이와 비슷하게 기분 나쁜 생각을 한다고 상상해보자. 일례로 하늘을 이렇게 생각한다면 어떻게 될까? 하늘이 모든 악의 근원이고, 하늘을 말하는 것은 예의가 아니며, 하늘을 사랑하면 나쁜 사람이고, 평소에는 괜찮은 사람도 하늘 때문에 돼지 같은 사람이 된다.

그러면 삶의 기쁨을 누리는 것은 고사하고 집에서 나갈 수도 없을 것이다. 의식적으로든 무의식적으로든 돈에 분개하거나 돈과 관련한 제한적인 생각에 집착하거나 돈 버는 일에 참여하는 것을 거부한다고 해서 그것이 이득을 안겨주거나 고귀한 사람으로 만들어주지 않는다. 이런 생각은 생존을 위해서 뿐만 아니라 성공하는 데 꼭 필요한 돈을 잘라낼 뿐이다. 돈을 포용하고 그 흐름에 몸을 맡기면, 지금 이 순간 당신에게 다가가려고 애쓰는 부를 마음껏 받아들일 수 있다.

자기가 믿고자 하는 일에
믿음을 쏟아 돈을 번 44살 샌드라

전에는 중서부 지역에서 트럭을 집 삼아 살았다. 지금은 성공한
배우가 되어 늘 꿈꾸던 캘리포니아주의 해안가 저택에서 산다.

돈과 관련해서 나를 얽매던 주된 생각은, 돈을 많이 벌면 인생이
너무 복잡해져서 어떻게 감당해야 할지 모를 것이다였다. 계산,
세금, 투자 등 복잡한 문제가 많이 생길 테니까 말이다. 그래서 하
루, 일주일, 한 달을 살아가는 데 필요한 것 이상의 돈이 생기면
내가 그것을 통제하지 못할까 봐 두려워했다. 나는 똑똑하지도 못
하고 괜찮은 사람도 아니라고 생각했다. 하지만 다음과 같이 세
단계를 거치면서 나를 진정으로 사랑하는 법을 배웠다. 게다가 돈
을 많이 벌기까지도.

1단계: 생각과 믿음이 중요하다. 돈에 대한 내 두려움을 분명하게
파악하고 다음과 같은 새로운 믿음을 주입했다. 나는 자신을 사랑
하고 인정한다. 나는 모든 선과 부에 마음을 활짝 열고 있다. 나는
내가 하는 일이 무엇인지 안다. 나는 성공과 존경과 보상과 돈, 그
리고 세상이 주는 최고의 것을 누릴 자격이 있다. 세상에는 모든
사람, 특히 나에게 돌아올 돈과 번영의 기회가 충분하다.

2단계: 내가 잘 모르거나 두려워하거나 관심이 없는 일을 처리할

때는 멘토와 협력하거나 전문가를 고용했다. 나는 내 본연의 모습으로 무언가 가치 있는 것을 만들어 세상에 전달하는 데 집중했다. 판매나 거래, 법적인 문제 처리는 다른 사람에게 맡기고, 내가 잘 모르는 일에 말려들지 않도록 항상 주의를 기울였다.

3단계: 나는 상상 이상으로 많은 실패를 겪었지만 그때마다 다시 일어섰다. 지금도 여전히 실패하면서 다시 일어서는 법을 배운다. 성공했다고 해서 모든 것이 끝나는 것이 아니다. 성공을 온전하게 보고 느끼는 법을 연습했다. 마치 벌써 성공을 이루고 많이 벌어서 은행에 돈이 쌓인 것처럼 말이다.

나라는 존재는 세상에서 유일하기 때문에 자기 자신을 사랑해야 한다. 이미 가진 재능을 활용해 굉장한 일을 해보자. 사람들이 당신을 미쳤다고 생각하더라도 말이다. 무슨 일을 하든 기쁘고 적극적인 태도로, 그 일이 돈벌이인 동시에 기쁨의 원천이 되도록 해야 한다.

CHAPTER 03

없다가도 있고, 적다가도 많은 게 돈

어머니 집에 묵던 어느 날 이른 아침, 아래층으로 내려가 보니 어머니가 목욕 가운 차림으로 주방에 서서 빈 커피 잔을 들고 얼굴을 찌푸리고 있었다.

"커피에 넣을 우유가 떨어졌어."

어머니는 옷을 갈아입고 언덕을 내려가서 마을까지 갔다 와야 하는 상황이 별로 탐탁지 않다는 티를 내면서 단호하게 말했다. 그냥 낡은 가운과 운동화, 야구 모자를 걸치고 밝은 오렌지색 립스틱을 바른 채로 마트에 가서 마을의 괴짜로 낙인찍히는 편이 낫겠다고. "나도 이제 70대니까 그런 짓을 해도 되는 때가 됐지."

어머니는 내가 만나본 사람 가운데 가장 유쾌한 유머 감각의 소유자고 평소에도 늘 즐겁게 지내는 편이다. 그래서 어느 날 몹시 당황한 목소리로 나에게 전화를 걸어 '찐따'가 무슨 뜻인지 이제 막 알게 되었다고 했을 때 깜짝 놀랐다. 나는 '에이 설마?' 하고 생각했다. 어머니는 벌써 몇 년 전부터 내 동생을 그렇게 부르지 않았던가? 하지만 어머니는 정말 당황스러워하면서 엄청난 충격을 받은 상태였다. 어머니의 말은 농담이 아니었다.

통화하던 당시에 어머니는 역사적인 교외 동네의 평의원회 구성원으로 활발하게 활동하던 시기였다. 평의원 재임 동안 좋아하는 공원이 개발자의 손에 넘어가지 않게 보호하고, 중심가의 중앙 분리대에 수선화를 심고, 경치 좋은 동네 저수지 주변의 도로 표지판을 최소화하는 등 중요하게 여기는 문제를 해결하자고 호소했다.

어머니는 침대에 엎드려 베개에 얼굴을 파묻고 몇 번이나 "오, 맙소사"를 중얼대면서 호소하는 전화를 했다. 내가 들은 이야기로 대충 유추할 수 있던 것은, 찐따의 진정한 뜻을 알게 된 그날에는 저수지를 온전한 상태로 지키기 위해서가 분명했다. 회의실을 가득 메운 강직하면서도 존경할 만한 동료 평의원들 앞에서 어머니는 이렇게 주장했다는 것이다.

"도로가 약간 구부러져 있기는 합니다만, 커브에 접어들기 전과 그 중간, 그리고 커브를 벗어난 뒤까지 운전자에게 왼쪽으로 조금 꺾으라고 화살표 표지판을 5개, 자그마치 5개나 걸어둘 필요가 있나요? 이런 표지판은 눈에 거슬릴 뿐만 아니라 납세자의 돈도 낭비합니다. 만약 1미터마다 하나씩 화살표 표지판이 걸려 있지 않다고 길도 못 찾는 찐따라면 운전을 아예 하지 말아야죠."

그리고 어머니가 존경하는 위원들 앞에서 '찐따'라는 말을 쓴 것이 이번이 처음이 아니라는 것도 알게 되었다. 마음에 별로 들지 않는 법령을 통과시킨 시장 사무실에서 일하는 찐따, 보도에 스프레이 페인트로 낙서한 고등학생 찐따, 그리고 작년 핼러윈 때 음주 운전을 하다가 전봇대를 망가뜨린 병신 같은 찐따에 이르기까지 몇 년 동안 온갖 찐따들을 향해 이 말을 내뱉은 모양이다.

"그냥 '멍청이' 정도의 뜻인 줄 알았어."

어머니가 웅얼거리는 목소리로 말했다.

"그리고 찐따라는 말이 가장 잘 어울리는 지니 애덤스가 나를 한쪽으로 데려가더니 말조심하라는 거 있지. 아, 맙소사."

불쌍한 우리 어머니는 지역사회에서 떠도는 소문을 불식시키기 위해 현명하게 말을 골라 하는 능력을 발견했을 뿐만 아니라, 자기도 모르는 사이에 동네의 재미있는 괴짜가 되었다.

자신의 말과 생각 그리고 신념에 무슨 일이 벌어지는지 제대로 알지 못하면, 무의식에 의지해 비틀거리며 살아갈 위험이 있다. 예를 들어, 당신은 자신의 신념이 부모님이나 주변 사람이 생각하는 진실이 아니라 본인의 진실에 근거한 것이라고 무의식적으로 가정할지도 모른다. 또 자기가 하는 말은 전에 들은 이야기를 아무 생각 없이 되풀이하거나 어휘력이 형편없다는 증거가 아니라, 신념을 정확하게 표현하는 것으로 여길 수도 있다. 그리고 생산적이지 못한 생각에 빠져서 얼마나 많은 시간을 낭비하는지는 이야기를 시작하고 싶지도 않다. 정신을 차리고 자신의 생각과 신념, 말을 똑똑히 의식하면서 현명하게 선택하기 시작해야 한다. 그러면 고통스러울 정도로 시시한(혹은 그보다 더 나쁜) 인생에 계속 갇혀서 끊임없이 돈 문제로 씨름할 필요 없다. 또 내 어머니처럼 자기보다 훨씬 형편없는 사람에게 입버릇이 나쁘다는 질책을 듣는 것도 피할 수 있다.

> 자신의 마음을 다잡지 못하면, 약한 토대 위에
> 삶을 건설하는 위험을 감수해야 한다.

자신의 마음가짐에 통달하는 것은 인생 전반에서 중요하지만 특히 돈과 관련된 부분에서 매우 중요하다. 돈은 이 세상에서 어마어마한 역할을 하기 때문이다. 돈 없이는 말 그대로 아무것도 할 수가 없다. 지갑을 집에 두고 나온 것을 알아차리면 지하철에 일기장을 놓고 내리거나 고속도로 휴게소에 할머니를 두고 온 것을 깨달았을 때만큼이나 깜짝 놀라게 된다. 단 하루라도 돈을 쓰지 않거나 돈을 주고 산 물건을 사용하지 않거나 어떤 식으로든 돈과 관련된 경험을 하지 않고 지나가는 날은 없다. 단 하루도. 우리가 차를 타고 달리는 도로에도, 먹는 음식에도, 듣는 음악에도, 우리가 누리는 자유나 모험에도, 아기를 낳을 때도, 심지어 코를 풀 때도 돈이 들어간다. 돈은 공기나 먼지처럼 사방 어디에나 존재한다.

하지만 본인이 돈을 어떻게 생각하는지, 어떻게 이야기하는지, 실제로 돈이 무엇인지 곰곰이 생각해보는 경우는 매우 드물다.

그래서 지금 한번 해보려고 한다.

돈은 교환 수단이다

—

아주 먼 옛날, 돈이 발명되기 전에는 사람들이 물물교환으로 재화와 서비스를 주고받았다. 동물 가죽 한 뭉치나 소금 한 자루를 받는 대가로 돌담을 대신 쌓아주기도 하고, 어느 집 딸을 얻으려 성을 넘겨주기도 했다. 하지만 동물 가죽이나 바윗돌을 갖고 다니는 것은 기본적으로 아주 힘든 일이고 무언가를 쌓거나 지으려면 시간도 너무 오래 걸리기 때문에 사람은 동전과 지폐에 가치를 부여하는 돈이라는 개념을 떠올렸다. 그리고 지금은 자동차와 같은 물건을 사고 싶으면 최상급 낙타 다섯 마리 대신 지갑만 가지고 나가면 된다.

돈은 주고받는 행위에 사용되는 측정 단위다. 대중의 생각과 달리, 돈 자체는 좋지도 나쁘지도 않고, 친구도 원수도 아니며, 더럽지도 깨끗하지도 않다. 그냥 아무 생각 없이 자판기에 걸리지 않으려고 애쓰며 본연의 임무에만 신경 쓸 뿐이다. 돈은 그냥 메신저에 불과하다. 당신이 돈을 가지고 무엇을 하고, 어떻게 생각하고 느끼고 말하는지에 따라서 그 성격이 결정된다. 그리고 당신이 돈에 어떤 성격을 부여하는지에 따라, 돈에 둘러싸여서 살고 싶을 수도 있고 절대로 가까이하고 싶지 않을 수도 있다.

그래서 돈이 나쁘거나 더럽다고 생각하고(사실 제대로 생각도 해보지 않으면서) 또 돈에 대해 나쁘게 말하면서 이런 생각을 깊이 하는 것은 심각한 무일푼 상황에 처하는 주요 원인이다. 예컨대 당신은 예전에 이런 생각이나 말을 한 적이 있을지도 모른다.

'돈은 모든 악의 근원이다.'

우리가 사는 세상은 사람이 돈을 얻으려는 일 때문에 발생한 형언할 수 없는 공포와 불공평으로 가득하다. 하지만 이런 범법 행위는 가해자가 일삼는 것이지 돈이 저지르는 것이 아니다. 이는 마치 사람은 핸들만 잡으면 남에게 욕을 퍼붓는 멍청이로 돌변하니까 자동차는 본질적으로 사악한 존재라고 판단하는 것과 마찬가지다. 또는 채소 칼에 손가락을 베인 적이 있다고 이 도구를 혐오하는 등의 행동과 같다. 돈, 자동차, 채소 칼은 큰 기쁨과 맛있는 모험을 전하는 도구이며 모두 훌륭한 선물이기도 하다.

위대한 소설가 아인 랜드의 말처럼, "돈은 도구일 뿐이다. 당신이 원하는 곳이라면 어디든 데려다주지만, 운전석에 앉은 당신의 역할을 대신해주지는 않을 것이다."

돈을 벌고 싶다는 욕구와 관련해서 이야기할 때 사람들이 가장 잘못 사용하는 단어가 '탐욕'이다. 예를 들면, "돈을 많이 벌고 싶어 하는 걸 보니 저 사람은 '탐욕'스럽다"라고 말하는 것이다.

탐욕은 만족을 모르고 계속 더 많은 것을 원하는 과도하고 이기적인 갈망이다. 돈과 관련해 혼동하여 연관시키는 또 하나가 '권력 조장'이다. 압제적이거나 매우 비열한 방식으로 영향력을 행사하는 것을 말한다. 그리고 옛날부터 심각하게 여기던 '부패'도 잊지 말아야한다. 도덕성이 결핍된 채 개인 이득에만 집중하면서 본인 행동이 다른 이들에게 어떤 영향을 주는지, 혹은 법이 무엇을 규정하는지 전혀 신경 쓰지 않는 것이다.

사람은 '돈'이라는 말을 다음과 같이 일반적으로 잘못 사용한다.

돈이 모든 것을 망친다.

돈과 우정은 물과 기름 같은 사이다.

원래는 괜찮던 사람이 돈 때문에 괴물로 변한다.

꽤 가혹한 이야기 아닌가? 하지만 당신 집에 침입해서 얼굴을 가격하는 것은 돈이 아니라 사람이다. 돈은 그저 당신이 물건을 사도록 도와줄 뿐이다. 돈을 많이 벌고 싶다면 돈에 대해서 꼭 알아야 하는 것이 또 있다.

돈은 통화通貨고 통화는 곧 에너지다

—

돈은 원래 백지상태인데 우리가 부여하는 에너지와 의미로 가치를 얻는다. 예를 들어, 길 건너편에 사는 부인을 대신해 낙엽을 치워주고 번 50달러는 지하철에서 어떤 사람에게 훔친 50달러와 매우 다른 에너지를 지닌다. 중고품 가게에서 5달러를 주고 산 지저분한 의자도 유명한 가수의 투어 버스에서 사용하던 것이라면 5천 달러의 가치가 생길 수 있다. 어떤 화가는 자기 그림을 2백 달러에 팔지만 다른 화가는 2만 달러에 팔기도 한다.

당신이 회사에 고용되었는데 남보다 보수가 낮게 책정되었다는 사실을 알게 되면, 결국 돈을 받아도 기분이 무척 나쁠 것이다. 반대로 당신이 누군가에게 과도한 금액을 청구한다면, 민망하기도 하고 비열하고 더러운 인간인 듯한 기분이 들 수도 있다. 그러다가 완벽한 금액을 청구하면 기분이 좋아지기도 한다. 돈을 주고받는 것은 사람 사이에서 이루어지는 활기찬 교환이다. 당신이 할 일은 벌고자 하는 돈과 자신의 주파수가 일치하도록 의식적으로 노력하면서 그것을 얻도록 마음을 여는 것이다. 이 말은 곧 당신이 제공하는 제품이나 서비스의 가치를 명확히 알고, 그 대가로 돈을 받는 것을 이상하게나 미안하게 여기지 말아야 한다. 돈이 생기지 않을 가능성을 걱정하는 것이 아니라 돈이 지금 당신을 향해 오고 있다고 확신해야 한다는 이야기다.

다시 말해 본인 생각의 주파수에 초점을 맞추는 것이 부자가 되는 열쇠다. 예를 들어, 할머니가 예전부터 꼭 가고 싶어 하던 퀼팅 대회에 가려면 비행기 일등석 푯값으로 4천 달러가 필요하다고 가정해보자. 당신은 돈을 마련하기 위해 미개봉 상태인 오비완 케노비 피규어를 팔기로 결심한다. 그리고 적극적으로 관심을 보이는 사람도 찾았다. 이제 4천 달러를 주는 특정 인물에게 집중하는 것이 아니라, 자신을 향해 다가오는 4천 달러의 주파수와 일치하도록 자신의 주파수를 높여야 한다. 당신이 마땅히 받을만한 돈의 대가로 〈스타워즈〉 기념품 가운데 가장 멋진 작품, 이중으로 길이를 조절할 수 있는 광선 검까지 붙어 있는 피규어를 내준다는 사실에 집중하는 것이다. 할머니가 일등석에 앉아 다른 사람과 이야기를 나누고, 무료 샴페인을 홀짝이는 모습을 상상해보라. 당신은 돈을 향한 욕구와 돈이 필요한 목적, 돈을 얻기 위해 누군가와 가치 있는 것을 나눈다는 흥분, 그것이 상대방을 얼마나 즐겁게 할 것인지에 대한 명확한 이해, 돈이 들어오는 것에 대한 감사에 집중해야 한다.

사람과 돈은 감자튀김과 케첩의
관계와 같이 서로 연결되었다.

당신이 해야 하는 일은 부자가 되려고 노력하는 사람이나 돈이 많은 누군가와 좋은 관계를 유지하는 것이다. 만약 돈과 당신을 연결하는 통로 구실을 할 수도 있고 안 할 수도 있는 특정 인물에게 집중할 경우, 돈 많은 사람과의 관계가 단절될지도 모른다. 이것은 마치 평생의 연인을 유혹하는 것과도 같다. 그 사람이 가진 특성과 그와 함께할 수 있다는 기쁨, 그리고 그 사람 역시 당신을 찾았다는 환희에 초점을 맞추는 것, 이것이 바로 당신이 해야 할 일이다. 당신과 공통점이 전혀 없고 예쁘고 잘생겼지만 무심한 사람에게 내가 당신의 진정한 사랑이라고 설득하느라 시간을 허비해서는 안 된다. 그러는 동안 코는 좀 크지만 당신과 더없이 잘 어울리는 멋진 동료를 놓칠 테니까 말이다. 돈을 벌 때도 마찬가지다. 많은 에너지를 가지고 일하면서 자신의 생각과 행동과 말을 이루고자 하는 일과 일치시켜야 한다.

이것은 결국 에너지를 교환하는 일이다. 예전에 친구들에게 내 코칭 서비스를 받을 수 있는 할인권과 무료 이용권을 나눠주면서 이와 관련한 교훈을 많이 얻었다. 내가 하는 일을 이렇게 낮게 평가하니까 친구들도 자신의 노력 가치를 떨어뜨릴 수 있는 손쉬운 핑곗거리가 생겼다. 직접 투자한 것이 전혀 없다 보니, 이 기회를 이용해서 자신을 채찍질해야겠다는 자극도 느끼지 못했다. 결국 나는 당당하게 돈을 지불하라고 요구하지 않고 오히려 돈을 둘러싼 주파수를 낮춤으로써 우리 모두에게 피해를 주었다. 이런 '호의'는 친구들의 시간만 잔뜩 낭비하게 했다. 내가 돈을 청구하는 것을 이상하거나 부끄럽다고 생각하지만 않았어도 상황이 이렇게 되는 것을 피할 수 있었을 것이다.

돈은 통화고 통화는 곧 에너지이기 때문에, 누군가에게 맞추어서 비용을 줄이거나 가격을 낮춘다면 기본적으로 이렇게 말하는 것이나 다름없다. "당신은 나와 일하기 위해 필요한 돈을 마련할 능력이 없는 사람이에요. 또 내게는 내 가치만큼의 돈을 청구하거나 청구 금액을 결정할 권리가 없어요."

내가 정한 가격을 깎아주지 않는 것은 내 돈과 서비스를 기부하지 않겠다거나 물건을 팔지 않겠다는 뜻이 아니다. 그 에너지가 명확한 경우에만 그렇게 하겠다는 뜻이다. 다시 말해 불안감이나 부끄러움, 불가능, 부족함, 자신이 탐욕스럽고 나쁜 친구라는 생각이 아닌 힘과 가능성을 느낄 때만 그렇게 한다는 이야기다.

돈은 재생 가능한 자원이다. 있다가도 없으며, 많았다 적었다를 되풀이하면서 계속 움직인다. 이 말은 곧 돈을 쓸 때 인색하게 굴거나 돈을 받는 것을 어색해하면, 돈이 흐르는 자연스러운 경로를 막아서 부유하지 못한 빈약한 상황이 된다는 뜻이다. 식당 종업원에게 팁을 넉넉하게 주거나, 길에 떨어진 동전을 그냥 지나치지 않고 줍거나, 이웃집 개를 온종일 돌봐주고 돈을 받는(공짜로 해줄 수 있는 일임에도) 등의 사소한 일도 부의 에너지와 돈에 대한 건전하고 감사의 마음이 있어야 하는 행동이다. 원래 집중하는 대상에서 더 많은 성과를 거두게 마련이므로, 당신의 계획이 부자가 되는 것이라면 최대한 부에 집중하려고 할 것이다. 최대한 자주 많은 것을 나누고, 감사하고 기쁜 마음으로 돈을 벌고, 돈을 당신의 친구라고 생각하며, 주파수를 높여서 흐름을 타자.

연 4만 달러였던 수입을
10만 달러로 늘린 40살 조

수입을 늘리는 문제에서 가장 큰 장애물은 나 자신이었다. 나는 돈을 벌 자격이 없다고 생각했고 자신에게 지나치게 비판적이었기에 결국 자멸했다.

그래서 엄청나게 많은 자기 계발서를 읽고 듣기 시작했다. 당시에는 출퇴근하는 데 1시간씩 걸렸기 때문에 최소 하루에 2시간은 오디오북을 들었다. 그러자 어떤 변화가 시작되었고 변화를 위해서는 내 길에서 벗어나야 했다. 이러한 변화는 원하는 것이 이미 자기 손에 들어왔다고 믿을 만큼 간절히 바라는 마음에서 출발했다.

나는 회사에 다녔다. 그런데 마음가짐을 바꾸고 일에 전념하자 승진 길이 열리기 시작했다. 전보다 많은 책임을 떠맡으면서 모험을 감행했다.

내가 애초에 이 일을 왜 시작했는지 기억한 덕에 포기하지 않고 계속해 나갈 수 있었다. 상사를 돕고, 머리를 쓰고, 꾸준히 도전하며 사무실에서 동료와 협동하는 것을 좋아하기 때문이었다. 또 프로젝트를 처음 했을 때와 같은 환경에 계속 머물고 싶지 않다는 사실도 기억했다. 성취감은 꼭 마약 같았다.

전에는 돈을 벌기가 힘들었지만 지금은 온 사방에 돈이 널렸고 내가 그것을 끌어당기고 있다. 평소에는 신용카드로 모든 대금을 지불하지만, 이제는 반드시 집안 곳곳에 현금을 어느 정도씩 두기로 했다. 그 돈을 꼭 써야 해서가 아니라, 돈은 사방 어디에나 있으니 손을 뻗어서 잡기만 하면 된다는 것을 무의식중에 되새기기 위해서다. 진부한 방법이라는 것은 알지만 그래도 나에게는 효과가 있는 방법이다. 이렇게 해놓으면 예기치 않은 일이 생겨서 상황이 어려워졌을 때도 불안감이 줄어든다. 무엇보다 두려움을 극복해야 한다. 두려움의 근원을 찾고 그 문제를 해결하는 것이 먼저다.

CHAPTER 04

나는 돈을
끌어당기는
사람입니다

내 금전적 난관을 극복하려는 어느 때, "백만장자처럼 돈을 자랑하라"라는 주말 세미나에 참석한 적이 있다. 기억이 자세하게 나지는 않지만 아마 라스베이거스에 있는 싸구려 호텔 회의실에서 열린 것 같은데, 편안한 분위기는 절대 아니었다. 40대 초반에 3년 동안 계속 이런 세미나를 찾아다녔던 적이 있다. 이 행사가 열린 시기는 작가들이 출판사에 보낼 출간 기획서를 쓰는 일을 도와주는 온라인 사업을 시작하고 좀 지나서였다. 그때는 사업 매출이 아직 10만 달러 선에 이르지 못했다. 그렇지만 계속 살던 차고에서 벗어나 사람이 살기 위해 지은 집으로 이사한 지 몇 달쯤 되었을 무렵이었다. 그런데 이런 세미나와 나는 잘 맞지 않는다고 생각했기에 무거운 다리를 끌고 억지로 가곤 했다. 절실하지 않아서가 아니라(정말 절실했다) 가슴에 이름표를 달고 사람들과 함께 감사의 힘에 대해 토론하는 것이 부끄러웠다.

"누가 부를 끌어당기는 자석입니까?"

"내가 부를 끌어당기는 자석입니다!"

"잘 안 들리는데요?"

"내가 부를 끌어당기는 자석입니다!"

처음에는 이렇게 외치는 모습을 아는 사람에게 들켜 망신살 뻗치고 싶지 않았다. 다시 말해 나는 이런 데 올 사람이 아니라고 믿었다. 나는 너무 잘났으니까. 이런 자리에 어울리는 사람이 아니니까. 자기도 관광객이면서 관광객이 이렇게 많지만 않다면 훨씬 더 좋은 장소일 것이라며 떠들어대는 사람인 셈이다. 기본적으로 나는 자기 변혁에 집착했다. 사고방식의 힘이라는 개념에 매료되었다. 그리고 남은 인생 동안 계속 북 레이디로 살아가기보다는 저 무대 위에 있는 진행자 같은 인생 코치가 되고 싶다는 것을 깨달았다. 하지만 주변 사람이 나를 어떻게 생각할지 걱정스러워서 이런 속내를 인정하기가 난처했다. 당시만 해도 아직 인생 코치라고 하면 점쟁이나 탈모 치료제처럼 매우 의심스러운 눈초리를 받던 때이기 때문이었다. 인생 코치란 게 대체 뭔데? 무슨 치료법 같은 거야? 팔 벌려 뛰기도 하고 그래?

어쨌든 그 행사는 내가 지도를 받은 적 없는 코치가 주최한 것이었다. 나는 그가 보내는 뉴스레터를 모두 읽었고, 덕분에 훌륭하고 매력적인 강연자라는 것을 알게 되었다. 이유는 잘 모르겠지만, 전에 이미 백만 번쯤 듣던 말이라도 그가 그 말을 하면 갑자기 머릿속에 불이 켜지면서 벌떡 일어나 새로운 깨달음에 흐느껴 울기라도 할 것 같은 기분이 들었다. "나는 빌어먹을, 부를 끌어당기는 자석이다!" 코 훌쩍, "정말 그렇다." 내 인생과 사업을 완전히 변화시키고, 계속해서 쉽고 행복하게 매출 수십만 달러를 확보하기 위해 노력하고, 그 사이에 해변에서 과일 칵테일을 들고 즐기려면 그 사람에게 지도받아야 한다는 것을 알아차렸다.

세미나 마지막 날, 다들 자신이 지닌 무한한 잠재력을 완전히 깨달았다. 그때 코치가 자기와 함께할 수 있는 두 가지 기회를 알려주었다. 하나는 그룹 코칭 패키지로, 코치와 직접 만나는 것은 1년에 두 번 정도고 평소에는 전화와 이메일로 단체 응원을 해주는 과정이다. 비용은 1만 5천 달러였다. 그리고 다른 하나는 코치와 일대일로 하는 효율적인 1년짜리 패키지였다. 이는 시간을 허비하지 않고, 자신의 금전적 현실을 완전히 바꿔놓을 각오가 되어있으며, 코치가 자기를 이끌어줄 적합한 멘토라는 사실을 아는 사람을 위한 패키지였다. 그 사람이 바로 나였다. 바로 나에게 필요했다. 이 패키지의 가격은 8만 5천 달러였다.

당시에 나는 코치를 받는 데 (처참한 상황에서 빠져나오는 데 도움이 되기만 한다면 가리지 않고 무엇이든지) 이미 수천 달러를 투자한 상태였는데, 나에게는 힘들고 겁나는 금전적 부담이었다. 하지만 괜찮은 코치에게 지도받을 때마다 좋은 성과를 거두곤 했다. 거기에는 이유가 두어 개 있다. 하나는 내가 아주 훌륭한 학생이기 때문이다. 나는 새로운 것을 배우고 자신을 시험대에 올리는 것을 좋아하고, 다른 사람의 영향을 쉽게 받으며, 일단 시작하면 의욕이 넘친다. 그리고 내가 해야 할 일을 안 해서 문제가 생기는 것을 두려워한다. 또 돈에 휘둘려 살면서 고통의 문턱에 도달해 있었고, 올바른 길잡이만 있으면 비참한 현실을 날려버리고 내가 원하는 만큼 순탄하게 일이 풀린다는 사실을 알 정도로 소소한 승리도 여러 번 맛본 상태였다.

하지만 8만 5천 달러라니, 정말 만만치 않은 액수다! 나 같은 사람이 그만한 돈을 손에 넣는다고 생각하기조차 힘들고, 마치 집에 가는 길에 토성에 들러서 우유를 사 오는 일만큼이나 말도 안 되었다. 게다가 집도 살 수 있는 액수다. 내 연 수입보다도 많다. 친구들이 금액을 듣는다면 비웃음을 멈추고 진지하게 날 말리려고 할 것이다. 하지만…… 지난 사흘 동안 주파수를 높이고 주먹을 번쩍 치켜들면서 지금 내 '현실'이 그어놓은 한계를 훨씬 뛰어넘도록 인식을 확장한 참이었다. 그래서 나는 코치가 망상에 빠진 괴짜라고 생각하지 않았다. 그저 어떻게 하면 8만 5천 달러를 구할 수 있을까만 생각했다.

그리고 '절대 안 돼'라던 생각을 '반드시 방법이 있을 거야'로 바꾼 순간, 갑자기 평생 내가 돈을 버는 데 방해해온 가장 큰 장애물이 무엇인지 깨달았다.

마음속 깊이 뿌리를 내리고, 다가오는 돈을 물리치는 잠재의식 속의 믿음이 무엇인지 알아내는 데 도움이 되는 방법은 매우 많다. 나는 그중 가장 강력한 방법부터 이용할 생각이다. 그것은 바로 불구덩이 속에 뛰어들기다. 자기가 가장 두려워하는 대상을 정면으로 직시하자. 꿈을 향해 크고 대담한 행동을 취하고, 두려움 때문에 중간에 멈추지 말자. 내 경우에는 거대한 변화를 얻고자 돈을 내고 마음을 다해 노력해서 얻는 결과물이 얼마나 크고 가시적인지 깨달은 덕분에 새로운 현실로 진입할 수 있었다. 난생처음으로 돈과 성공의 가능성이 정말 현실적으로 느껴졌고, 이에 화들짝 놀란 '어린 왕자'는 도망가버렸다.

흥분과 공포가 동시에 덮쳐오는 느낌, 그것이 바로 인생에서 커다란 도약을 할 때 느끼는 감정이다. 그리고 끝까지 버티는 데 성공할 경우 (그 방해물은 당신이 안전지대 안에 계속 머무르게 하려고 애쓴다는 것을 기억하자) 덤불에 숨어 있다 놀라 뛰쳐나오는 꿩처럼 완전히 질겁한 방해물이 당신 앞에 모습을 드러낸다. 나에게도 바로 그런 일이 벌어졌다. 내 안전지대와 매우 거리가 멀고 전에는 해본 적도 없는 생각, 즉 '나는 코칭 프로그램에 필요한 8만 5천 달러를 마련해서 엄청난 성공을 거둘 수 있는 사람이야'라고 생각했다. 그러자 잠재의식의 가장 깊숙한 곳에 있던 더없이 우울한 생각이 만천하에 드러났다. 그 생각은 바로 이러했다. 만약 내가 금전적으로 성공한다면 평생 나를 돌보려고 고생해온 아버지는 자신감이 짓밟혀 패배자 같은 기분을 느낄 것이다. 결국 아버지는 더는 자신이 필요하지 않은 나를 저버릴 것으로 생각했다.

코칭 프로그램 가입을 위해 계약금을 걸려고 줄을 서서 기다리는 동안, 사랑하는 아버지의 모습이 눈앞에 떠올랐다. 아버지가 내 생활비를 대주지는 않았지만, 그래도 나에게 사랑을 표현하는 동시에 자신이 필요하고 중요한 사람이라는 기분을 느끼려고 즐겨 쓰던 방법이 바로 돈을 주는 것이었다. 그래서 나는 무의식적으로 만약 내가 부자가 되면 사랑을 거부하는 셈이 되어 결국 아버지 마음을 몹시 아프게 하리라 믿었다.

이 깨달음은 9학년 때 한 친구가 나에게 홀딱 반했다는 사실을 안 일을 제외하면, 지금까지 살면서 얻은 정보 가운데 가장 중요하다. 일단 사랑하는 아버지를 향한 애끓는 마음을 느끼고 나자, 이런 제한적인 잠재의식의 믿음에 의문을 제기했다. 그리고 생각을 바꾸고 거기에서 벗어나면서, 새롭고 원대한 방식으로 성장하게 되었다.

자신을 길들이는 방법 1:
두려움을 몰아내자

—

지금 당장 할 수 있으면서 동시에 부자가 되겠다는 목표에 한 걸음 크게 다가가게 해주는 일이 무엇인지 생각해보자. 무섭고 가급적 하고 싶지 않은 일, 정말 불편하고 토할 것 같은 기분이 드는 일이어야 한다. 새로운 핸드백 회사를 차리기 위해 엄청나게 큰 공간을 임대하거나, 당신이 꼭 일하고 싶은 회사에 채용 권한을 가진 사람 앞에서 어떤 모습을 보여야 할지 고민하거나, 잠재고객 10명에게 사전 접촉 없이 무작정 전화를 거는 등의 일 말이다. 당신의 행동을 제한하던 잠재의식 속의 믿음이 소스라치게 놀라 튀어나오는 모습을 눈여겨보고, 그 외에 떠오르는 것이 있으면 전부 적어두자. 아니면 격렬한 분노를 터뜨릴 수도 있다. 사람들이 보는 앞에서. 내가 그랬던 것처럼. 나는 지금까지 내 발목을 잡던 생각의 정체를 알자마자 세미나 도중에 히스테리를 일으키면서 흐느껴 울어버렸다. 그래도 라스베이거스에서 내 인생의 마지막 날을 보내고 싶지는 않았기에 간신히 정신을 차릴 수 있었다. 그래도 한바탕 울고 나니 기분이 아주 좋아졌다. 내 몸에서 정말 떨쳐내야만 하는 무언가를 내던져버린 것 같았다. 기분이 훨씬 가볍고 마음이 편안했으며 마침내 어른으로 성장해도 된다는 허가증이라도 받은 듯했다.

지금까지 의식하지 못하던 무의미한 신념을 찾아내면 어떤 느낌이 드는지 시간을 두고 살펴보자. 잠시 하던 일을 멈추고 그것의 존재를 인정한 뒤, 슬픔이나 좌절감이나 상실감이 당신의 몸에서 빠져나가게 하는 것이다.

'빌어먹을, 날 막아서는 잠재의식의 믿음! 나는 너 때문에 반세기 동안이나 멋진 레스토랑에서 스테이크를 먹는 대신 집에서 통조림이나 먹으며 지냈어!'

당장은 가슴이 찢어질 듯 아파도 상관없지만, 평생 그 상태로 머물러서는 안 된다. 한바탕 울화통을 터뜨리고서 이제 과거의 분노는 잊고 자기가 향하고자 하는 목적지에 집중해야 한다.

자기를 방해하는 것이 무엇인지 알고 거기에서 벗어나기 시작할 기회가 생기면, 당신이 알게 된 그것을 이용해서 새로운 이야기로 접어들 수 있다. 이를테면 나는 아버지가 아주 행복한 모습으로 내 금전적 성공을 자랑스럽게 여기는 모습을 머릿속에 그려보았다. 그리고 아버지를 얼마나 사랑하는지 이야기하고 멋진 역할 모델이 되어준 것에 감사 인사를 전하는 모습을 상상했다. 나는 금전적으로 자립할 수 있게 된 것에 아버지가 안도하는 것을 느꼈다. 그때나 지금이나 계속하는 일이 또 하나 있는데, 바로 아버지가 주는 돈을 거절하지 않고 계속 받는 것이다. 그것이 아버지 마음을 얼마나 편하게 해주는지 잘 알고, 또 내 마음도 가벼워지기 때문이다. 그리고 이런 교환 과정에서 생기는 에너지에 대해 알게 되면서부터, 내가 실제로 그 돈이 필요했을 때보다 더 큰 감사와 사랑의 마음으로 돈을 받았다. 아버지는 이런 일을 전혀 모르지만 여기서 요점은 그것이 아니다. 이것은 전부 당신과 관련된 일이고, 당신이 직접 만들어내는 믿음이며, 당신의 심리 치료 과정에 다른 이들을 개입시키는 것이 아니라 내면의 에너지를 해방하는 일이다.

자신을 길들이는 방법 2:
말을 조심하자

—

내가 당신에게 "당신은 멍청해서 돈을 벌 수 없다"라고 말했을 때 당신 내면에 어떤 생각과 감정이 생기는 것처럼, "당신은 최고이고, 강하며, 나는 당신을 사랑한다"라고 말했을 때도 그에 따른 생각과 감정이 일어난다. 말과 생각은 진짜 절친한 친구 사이다. 그렇기에 모든 것을 공유하면서 서로에게 계속 도움을 주며, 고등학생들이 비밀 쪽지를 주고받듯이 정보와 감정을 교환한다. 파산했거나 금전적인 상황이 만족스럽지 않다면, 언어를 업그레이드할 필요가 있다. 생각지도 못한 행동이 깊숙이 있던 생각을 튀어나오게 하는 것처럼, 자기 입에서 나오는 말에 주목할 경우에도 비슷한 결과를 얻을 수 있다. 커다란 돼지가 땅속에 묻힌 송로버섯을 캐는 것처럼, 말은 꼭꼭 숨은 돈에 대한 생각과 믿음을 캐내는 역할을 한다.

다행스러운 사실은, 말과 관련해 자신을 길들이는 과정이 상당히 쉽다는 것이다. 기본적으로 자기가 하는 말에 주의를 기울이겠다고 하기만 하면 된다. 이 책을 읽고 돈 문제를 생각해보겠다고 다짐한 것처럼, 자기가 하는 말을 의식하겠다고 다짐하면 된다. '말하는 속도를 늦추고 입을 다물자'를 자신의 신조로 삼아야 한다. 말을 시작하기 전에 반드시 심호흡하도록 연습해둔다. 그러면 잠시 멈추어서 자기 입에서 어떤 말이 나올지 미리 알아차리고, 필요하다면 말의 방향을 수정할 수 있다.

다른 사람이 하는 말에 주의를 기울이는 것도 또 하나의 뛰어난 묘책이다(물론 일반적인 상황에서도 바람직한 일이다). 상대의 말에 귀를 기울이는 동안 생각할 시간이 생기기 때문이다. 우리가 어울리는 사람은 대부분 현실에 대한 인식이 우리와 비슷하다. 따라서 돈과 관련해서도 우리와 똑같은 생각을 말로 표현하는 경향이 있기 때문에 큰 깨달음을 얻을 수 있다.

다음은 말할 때 신경 써야 하는 표현들이다.

나는 ~을 할 힘이 없다

나는 ~가 부족하다

나는 ~을 하지 못한다

나는 ~에 전념하지 않는다

나는 ~을 믿지 않는다

나는 ~을 하고 싶지 않다

나는 ~을 알고 싶지 않다

이를 대체할 아주 좋은 표현들이 있다.

나는 ~을 가지고 있다

나는 ~을 만든다

나는 ~을 할 수 있다

나는 ~에 감사한다

나는 ~을 즐긴다

나는 ~을 선택한다

나는 ~을 사랑한다

또 우리가 특히 유의해야 하는 말이 바로 "알고 있어"다. "그래, 나도 내 생각을 의식하는 게 중요하다는 건 잘 알아. 설명할 필요도 없는 일이지. 자, 다음 주제로 넘어가자!"만큼이나 신속하게 심층적인 조사와 근본적인 조치를 막아버리는 말도 없다. 이것은 매우 교활한 말이다. 왜냐하면 자기가 무언가를 알 경우 그것만으로도 꽤 인상적이라고 생각하는 경향이 있기 때문이다. 하지만 현실 세계에는 우리가 무엇을 얼마나 '알든' 상관없이 항상 이야기에는 다양한 측면이 존재하고 놀라운 일이 많이 생긴다. 또한 우리의 인식을 대폭 확장할 수 있는 무한한 의문이 존재한다. 특히 무언가를 결심하고 실행에 옮기기까지 똑같은 말을 몇 번이고 되풀이해서 들어야 하는 경우가 많은 자조(自助) 분야에서는, 항상 눈을 크게 뜨고 세상에 호기심을 가지는 것이 중요하다.

"알고 있어"가 하는 또 다른 일은, 우리 뇌가 하는 말을 확신하고 거기에 애착을 느낄 때 훨씬 더 깊이 있는 지식을 받아들이지 못하게 한다. 이는 쓰레기 버리는 날이 무슨 요일인지도 제대로 기억 못 하는 주제에, 마치 세상에서 제일 똑똑한 사람인 양 행동하는 것이다.

다음과 같이 중요한 참고 사항이 있다. 아주 대단한 것을 인정할 때는 "알고 있어"라는 말을 사용해도 괜찮다. "내가 엄청나게 많은 돈을 벌 수 있다는 걸 알아", "내가 아주 대단한 놈이라는 건 알고 있지" 같은 말처럼 말이다.

이제 다음으로 넘어가 보자.

자신을 길들이는 방법 3:
입을 다물자

—

내가 좋아하는 속담 중에, "지혜로운 사람은 말이 없다"라는 말이 있다. 나는 이 속담을 정말 다양한 의미에서 좋아한다. 조용히 침묵을 지키면서 자신의 직감에 귀를 기울이면 참된 지혜를 얻을 수 있기 때문이다. 그리고 그 지혜가 다시 우리에게서 흘러나간다. 우리 입에서 나오는 말은 대부분 이렇다.

"나를 좀 봐! 네가 나를 좋아할 수 있도록 나에 관한 멋진 일을 5백만 가지 정도 말할 거야! 그리고 다른 사람들이 하기 전에 먼저 나를 웃음거리로 만들어야지. 그래야 바보 같은 기분이 들지 않을 테니까."

말은 다른 사람과 관계를 맺고 정보와 사랑, 우스운 이야기, 아이디어, 요리법 등을 공유할 수 있는 강력한 도구다. 입을 천천히 열거나 아예 다물수록, 확실하게 선택할 수 있는 좋은 기회와 '대체 왜 이런 말을 하려는 거지?' 싶은 의문이 드는 순간 자중할 수 있는 여지가 늘어난다.

뇌에서 떠드는 소음을 극복하고 그 아래에서 무슨 일이 일어나는지 알아내는 가장 좋은 방법은 명상이다. 목적이 있는 침묵 속에 가만히 앉아 명상해보자. 하루에 단 5분씩이라도 날마다 명상한다면 놀라운 변화가 생긴다. 아마 왜 좀 더 일찍 조용히 앉아 입을 다물지 않았을까 후회할 것이다.

타이머를 맞추고 편안한 자세로 앉아서 호흡에 집중한다. 어떤 생각이 머릿속에 밀려들어 오면 거기에 주목했다가 다시 호흡에 집중하면서 그 생각을 부드럽게 밀어낸다. 가까이에 공책을 놔두고, 혹시 나중에 자세히 곱씹어보고 싶은 생각이 떠오르면 공책에 적어두는 방법을 적극적으로 추천한다. '돈에 관한 어떤 생각이 내 흐름을 방해하는가?'처럼 자리에 앉기 전에 고민하던 문제에 자문해보는 것도 좋다.

흥미로운 사실을 밝혀내는 또 다른 수련 방법은 상상이다. 5~10분 정도 시간을 내서, 자기가 부를 욕망하는 구체적인 이유가 실현되었다고 상상해보는 것이다. 일례로 당신이 부자가 되고 싶은 이유가 가족을 데리고 스페인 마드리드로 여행을 가고 싶기 때문이라고 가정해보자. 그곳에 가 있는 모습, 어떤 기분이 들고 어떤 냄새가 풍길지, 어떤 숙소에 묵고, 무엇을 보고 먹을지 등을 머릿속에 그려보자. 또 여행에 데려간 가족이 당신을 어떻게 생각할지도 상상해보자. 그 감정을 계속 느끼면서 혹시 어떤 불쾌한 생각들, 난 여행을 갈 자격이 없다거나 세상에는 밥도 못 먹는 사람 천지인데 박물관에 가서 그렇게 돈을 막 쓰면 어떡하나 같은 생각이 떠오르지는 않는지 살펴보자. 그리고 떠오르는 생각을 모두 공책에 적은 뒤 거기에 의문을 제기하는 것이다.

자신을 길들이는 방법 4:
돈을 상대로 대화를 나누자

—

당신이 알든 모르든 간에 당신은 돈과 모종의 관계를 맺고 있다. 돈을 어떻게 느끼는지 알아내는 가장 좋은 방법은 돈을 사람처럼 대하면서 편지를 쓰는 것이다. 개인적으로도 이 방법이 정말 굉장한 효과를 발휘한다고 느낀다. 그리고 많은 고객과 독자에게서 이 방법으로 자기가 돈 문제에 바보처럼 대처했다는 것을 깨달았다는 이야기를 종종 듣는다. 예전에 내가 돈에게 쓴 편지는 대충 이런 내용이었다.

"친애하는 돈에게, 난 너를 사랑하고 네가 더 많았으면 좋겠어. 하지만 너를 원한다는 사실에 정말 화가 나. 너는 한 번도 날 위해 있어준 적이 없잖아. 나는 널 절대 신뢰하지 않고, 널 원한다고 인정하는 게 기분 나빠. 하지만 네가 보일 때마다 좋아서 어쩔 줄 모르는 것도 사실이지. 난 항상 네 걱정해. 나는 네가 필요하지 않았으면 좋겠어. 넌 정말 짜증 나는 존재거든. 제발 이른 시일 안에 많이 나타나 주렴."

나는 사람 대부분이 그렇듯이 이렇게 돈과 밀고 당기는 관계였기에, 적게나마 돈을 벌었다는 것이 신기할 정도다. 내 에너지는 돈을 반갑게 맞으려고 애쓰는 동시에 그 흐름을 차단하느라 다 소모되었다. 돈 때문에 쩔쩔매는 것이 당신뿐만이 아니라는 사실을 보여주기 위해, 독자가 보낸 편지 내용의 일부를 소개하겠다.

친애하는 돈에게,

네가 옆에 있을 때는 자신감과 안도감을 느껴. 또 네가 주변에 있으면 쓰고 싶어져. 덕분에 다른 사람한테도 너그럽게 대하고 말이야. 하지만 때때로 너는 작별 인사도 없이 떠나곤 하지. 너는 마치 충동적으로 왔다가 사라지는 연인 같아. 그래서 화도 나고 좌절감도 들어. 네가 가버리면 정말 겁이 나. 다시는 돌아오지 않을까 봐 두렵거든. 그러면 기분이 정말 안 좋아져. 왜 나와 같이 있는 시간을 즐기지 않는 거니?

친애하는 돈에게,

나는 널 사랑하고 존중한단다. 널 현명하게 쓰려고 정말 노력하기도 하지. 하지만 내가 널 실망하게 한다는 생각이 들 때가 많단다. 정말 열심히 살지 않으면, 너를 더 가질 자격이 없는 것 같아. 우리가 함께할 수 있는 멋진 일을 많이 아는데……. 멋진 휴가를 즐기고, 가족을 돌보고, 신뢰하는 자선단체에 기부도 하고 말이야. 하지만 나는 살면서 너를 더 가질 자격이 없다는 생각을 자주 해서 문제란다.

친애하는 돈에게,

전 당신을 사랑하지만 동시에 무섭기도 해요. 당신을 더 많이 가진다면 정말 좋겠지만 그 사실을 인정하는 게 어색해요. 왠지 나쁜 사람이 되는 기분이거든요. 또 당신이 아주 많아진다고 해도 그걸로 뭘 해야 할지 모르겠어요. 전 투자에 대해서 아무것도 모르니까 전부 남한테 줘버릴지도 모르지요. 그래서 남들 눈에 멍청해 보이지 않으려고 당신이 나타나지 못하게 가로막나 봐요.

친애하는 돈에게.

난 네가 정말 밉다. 청구서를 볼 때마다 말 그대로 신체적인 고통까지 느끼게 하는 능력을 갖춘 네가 밉다. 학자금 대출 잔액을 볼 때마다 위가 목구멍으로 튀어나올 것 같은 기분이라서 너무 싫다. 네가 나한테 이런 위력을 발휘하는 게 정말 싫다. 사실 다른 사람을 돕는 일에 내 삶을 헌신하고 싶은데, 너를 더 많이 벌기 위해 싫어하는 직업을 가져야만 하는 게 싫다. 너와 아무 관계도 없이 살아갈 수 있다면 좋겠다. 두려움과 분노와 후회가 가득한 곳이 아니라 풍요로운 곳에서 살고 싶다.

아프리카와 인도의 특정 지역에서 사용하는 원숭이 함정에 관한 이야기를 들은 적이 있다. 이 이야기는 돈에 관한 제한적인 생각을 고수하는 모습을 빗댄 훌륭한 은유다. 사람들은 상자에 구멍을 뚫고 바나나를 넣어둔 다음, 원숭이들이 돌아다니는 곳에 상자를 두고 기다린다. 상자를 본 원숭이는 그 안에 손을 넣어 바나나를 집는다. 하지만 바나나는 상자에 뚫린 구멍에서 꺼내기에는 너무 크기 때문에 상자에 손이 걸리고 만다. 원숭이가 손을 빼려면 바나나를 놓기만 하면 되지만, 계속 쥐겠다고 고집을 부리면 그대로 덫에 걸리고 만다.

어디서 처음 들었는지는 기억이 안 나지만 오래전부터 자기 계발

분야에서 자주 하던 이야기다. 난 정말 말도 안 되는 소리라고 생각한다. 우선, 원숭이가 상자 안에 바나나가 있다는 것을 어떻게 알 수 있겠는가? 그리고 원숭이가 거기서 바나나를 움켜쥔 채 오도 가도 못한다 한들 어떻게 그 원숭이를 잡을 수 있단 말인가? 종일 정글에 죽치고 앉아 담배 피우며 카드놀이 하면서 원숭이가 자기들이 쳐놓은 그물에 걸려들 때까지 기다린다고? 어떤 웹사이트에 가니까 원숭이를 발견하자마자 재빨리 항아리에 집어넣으라는 내용이 있었다. 항아리라니! 말도 안 되는 소리.

그래도 어쨌든 이 이야기를 활용해보기로 했는데, 그 이유는 내 생각이 틀릴 수도 있고 맞을 수도 있기 때문이다. 그리고 내가 정말 잘 설명하고자 하는 요점을 알려준다. 요점은, 우리는 이런 헛소리를 만들어내서 믿는데 본인의 삶을 변화해 자유로워지고 싶다면 그런 이야기들은 다 잊어야 한다는 것이다. 그러니 이와 연관해 설명하려면 이보다 더 나은 이야기가 어디 있겠는가?

우리가 스스로 만들어낸 이야기 안에 머무르려는 이유는 거기에서 거짓 이익을 얻기 때문이다. 빈털터리라는 자신의 정체성을 유지하고, 무일푼 상태가 된 원인을 본인이 아닌 외부에서 찾고(시간이 없어, 아이가 일곱 명이나 된다고, 경제 상황이 안 좋아), 안전을 추구하며, 실패해서 바보처럼 보이거나 가족과 친구에게 기존과 다른 모습을 보이는 위험을 무릅쓰지 않아도 되는 등등. 결국에는 한 가지 결론으로 귀착한다.

극적인 상황보다는 자신의 꿈을 더
간절하게 바라야 한다.

자신을 통제하는 잘못된 믿음을 깨부수는 일을 시작할 때 먼저 경고하고 싶은 말이 있다. 장애물을 치우는 데만 열중해서 자기 삶을 변화하기 위한 행동을 취하지 않아서는 안 된다는 것이다. 자기 문제에 너무 집착한 나머지 혼자 칩거하거나, 눈물과 함께 내면의 자아를 무너뜨리면서 그것을 핑계 삼아 무섭지만 중요한 도약을 피하려는 경우를 많이 보았다. 그래서 당신에게 두 가지를 동시에 하라고 말하고 싶다. 자신의 실없는 행동을 철저히 살피면서 필요한 행동을 취하는 것이다. 앞으로 나아가면서 자기 문제까지 찾아내니 일석이조다. 이때 중요한 것은 고질적인 두려움과 잘못된 생각을 발견했을 때 끝없는 자기 분석에 빠져들지 말고 계속 전진하는 것이다.

사실 세미나에 참가해서 중요한 돌파구를 발견한 날에 방금 당신에게 하지 말라고 충고한 그런 행동을 했었다고 고백하려니 부끄럽다. 당시 나는 바로 8만 5천 달러를 구하려고 노력하면서 내 목표를 향해 전진하지는 않았다. 나에게 얼마나 좋은 기회인지에 계속 집중하는 것이 아니라, 한 걸음 물러나서 오래된 두려움과 의구심, 걱정에 관심을 쏟았다. 코칭 패키지를 신청하고 내 인생의 새로운 장으로 용감하게 뛰어들지 못하고, 한참 동안 주저하다가 결국 회의실을 몰래 빠져나와 집으로 향했다. 비용이 당시 내 형편으로 마련하기에는 터무늬없이 많은 액수였기 때문이라고 핑계를 대고 싶지만, 사실 액수가 아니라 내 결단력 부족과 두려움이 문제였다(그래도 결국 1년 뒤에 필요한 돈을 마련해서 다른 사람에게 코치를 받았다).

이것은 정말 중요한 문제다. 자기를 방해하는 것이 무엇인지, 그리고 앞으로 나아가기 위해 지금 무엇을 해야 하는지 깨달으면 그 즉시 행동에 옮겨야 한다. 당신은 마음속에 매우 깊이 뿌리를 내리고, 당신을 매우 성공적으로 조종하며, 지금까지 진실이라고 믿어온 제한된 믿음과 싸움을 벌이는 것이다. 중요한 힌트를 얻었을 때 주저한다면 그 친숙하고 제한적인 생각이 다시 주도권을 차지하는 시간과 공간을 내주게 된다. 망설임이라는 빈틈이 생기면 거기에서 당신이 좋아하는 핑계가 튀어나와 결심을 허물고 결국 다시 안전지대로 후퇴하고 만다. 본인의 직감에 귀를 기울이고, 자기가 바라는 것이 이미 존재한다는 믿음으로 강인한 영웅처럼 힘차게 도약해야 한다. 당신도 얼마든지 할 수 있다.

CHAPTER 05

당신이 부자가 되길
바라는 사람은
당신밖에 없다

YOU ARE
A BADASS
AT MAKING
MONEY

내가 첫 책을 쓴 장소는 캘리포니아주 북부의 한 농장에서였다. 그 농장에 있는 말과 염소 두 마리를 돌봐주기만 하면, 햇살 가득한 아름다운 집과 사방에 근사한 경치가 펼쳐진 큰 낙원을 모두 가질 수 있다는 것이 당시 계약 조건이었다. 나는 말이 조금 무서웠고 염소에 대해서는 깡통도 씹어 먹을 수 있다는 것 외에는 아는 사실이 전혀 없었다. 하지만 그 농장이 마음에 들었고 또 원래 동물도 좋아했기 때문에, 결국 그곳에서 보낸 시간은 지금까지 살면서 가장 즐거웠던 기억으로 남아 있다.

주로 커다란 창문 앞에 놓인 소파에 앉거나 산을 바라보면서 글을 쓰며 시간을 보냈다. 염소 두 마리는 미닫이 유리문 앞 베란다에 앉아 나를 빤히 쳐다보면서 집 안으로 들여보내 주기를 헛되이 기다리며 시간을 보냈다. 가끔은 마당에서 말을 쫓아다니거나 서로를 향해 전속력으로 달려가서 머리를 부딪치기도 했다. 하지만 대부분은 공격적으로 되새김질하면서 기묘한 눈으로 나를 빤히 바라보았다. 집 밖에서만 지내야 하는 자신들의 처지에 불쾌감을 느끼는 모습이었다. 종종 내가 아직도 자기들을 집 안으로 초대하지 않는다는 사실이 믿기지 않을 때는 유리문에 몸을 부딪치거나 뒷다리로 일어나 앞발굽으로 창을 두드려대기도 했다.

어느 날 시내에 나가 쇼핑하느라고 다섯 시간 정도 집을 비웠다가 돌아가 보니 말이 혼자 진입로에 서 있었다. 그 말은 내가 본 말 가운데 가장 덩치가 컸지만 한편으로는 가장 애정 결핍이 심한 말이기도 했다. 그래서 염소들과 6미터 이상 떨어진 모습을 거의 본 적이 없었다.

"여기서 혼자 뭐 하는 거니?"

차에서 내리면 말에게 이렇게 물었다. 그러면서 염소 발굽이 유리문을 두드리는 익숙한 소리에 귀를 기울였다. 맨 처음에는 내가 집에 없는데도 안으로 들어가려고 하다니 참 이상하다고 생각했다(염소들도 말이 자기네를 쫓아다니는 것만큼 내 뒤만 졸졸 쫓아다녔다). 그리고 그다음에는 '빌어먹을! 망했다, 어떡해!'였다.

염소들이 저러는 행동이 집 안에 들어가려는 것이 아니라는 사실을 깨달았다. 그 둘은 집 밖으로 나오려는 중이었다.

전속력으로 집에 달려 들어가 염소들을 쫓아낸 뒤, 제 기능을 못 하게 된 문을 어떻게든 닫아걸었다. 그리고 내 앞에 펼쳐진 광경을 보고는 양손으로 입을 막고 "맙소사"를 끝없이 연발하며 얼어붙은 채 한참을 서 있었다. 아마추어 술꾼들이 가득한, 유달리 방탕한 학생들이 연 파티가 끝난 뒤의 모습을 보는 것 같았다. 엄청나게 충격적이고 말도 안 되게 끔찍해서 정말 보고 싶지 않은데도 도저히 눈을 뗄 수가 없는 광경이었다.

염소들은 결국 미닫이 유리문을 두드려 부수고 방충망까지 밀어젖히고 들어가서 불가능한 꿈을 이루었다. 그런데 방충망이 저절로 닫혀 집 안에 갇히자, 다섯 시간 동안 마구 날뛰면서 집을 완전히 망가뜨려 놓았다. 이들이 저지른 소행을 하나하나 살펴보자면, 우선 화분이란 화분은 죄다 쓰러뜨리고 산산조각내서 흙과 화분 조각과 식물 부스러기를 넓은 반경까지 어질러놓았다. 그리고 주방 조리대에서 유리잔을 말리려고 깔아놓은 행주를 잡아당기는 바람에 깨진 유리가 사방에 널려 있었다. 또한 모든 가재도구와 구석에 똥과 오줌을 잔뜩 싸놓았다. 내 침대와 흰 소파, 커피 테이블, 식탁, 복도, 샤워실 안에까지 배설물 천지였다. 싸놓은 오줌량이 어마어마해서 염소들이 말까지 안에 불러들여 같이 논 것이 확실하다고 생각할 정도였다. 그리고 집 안에서 미친 듯이 경중경중 뛰어 벽에 걸린 미술 작품까지 바닥에 떨어뜨려 놓으며 대미를 장식했다. 대체 이를 어떻게 하면 좋단 말인가?

처음에는 너무 충격을 받았지만, 이후에는 상당히 깊은 인상을 받았다는 사실을 인정해야겠다. 이들은 정말 대단한 일을 철두철미하게 해냈다. 우리는 세세한 부분에 대한 염소들의 지칠 줄 모르는 노력과 자신들이 저지른 업적에 대해 느끼는 분명한 자부심에서 여러 교훈을 얻을 수 있다. 염소들이 훌륭하게 모범을 보여준 성공 비결을 몇 가지 살펴보자.

- 자기 앞길을 가로막는 모든 장애물을 씹고, 걷어차고, 앞다투어 공격했다.
- 규칙에 콧방귀를 뀌었다.
- 안 된다는 대답을 절대 받아들이지 않았다.
- 무슨 일이 있어도 자기 마음의 외침을 따랐다.
- 목표에 도달하기까지 멈추지 않았다.

문자 그대로든 은유적으로든, 이들에게 완전히 새로운 세상이 열렸다. 염소들은 집 밖에서 지내는 가축이라는 지위를 뛰어넘어 최고급 침대 시트를 경험한 동물이 되었다. 그들의 지위가 완전히 달라졌다. 이 말은 곧 이들이 어떤 염소보다 난폭하고 엄청난 골칫거리가 되었다는 뜻인데, 그것만으로도 큰 의미가 있었다. 염소들은 이날의 승리로 원하는 일은 무엇이든 가능하다는 새로운 사고방식에 힘입어, 정기적으로 문을 부수고 돌아다니는 바람에 이웃들까지 공포에 떨기 시작했다. 마치 만취한 사이코패스 한 쌍처럼 주차된 차 위에서 뛰고, 미닫이 유리문이 눈에 띄면 전부 다 부수고 들어가려고 했다. 그리고 정원을 엉망진창으로 만들며 작은 개들을 쫓아다니고, 미친 듯이 비명을 지르거나 아무 데나 오줌을 쌌다. 나는 신속하게 문을 고치고, 이 집 부지를 에워싼 울타리에 난 구멍을 전부 막고, 염소들이 가까이 다가가지 못하도록 내 차를 거대한 합판으로 덮었다. 하지만 나와 말은 더는 예전 같은 시선으로 염소들을 바라보지 못하게 되었다. 우리는 일종의 경외감을 느꼈다.

　의심, 두려움, 다른 사람이 정한 규칙은 목표에
　전념하는 마음과 맞지 않는다.

부자가 되려면 집 안으로 들어가고 싶어 한 염소의 열정을 돈을 향한 당신의 욕구와 연결해야 한다. 그리고 이를 위한 열쇠는, 자기가 그렇게 하고 싶은 구체적인 이유를 분명하게 아는 것이다. 왜 돈을 원하는가? 돈을 어디에 쓸 것인가? 중요한 목표를 이루기 위해 돈을 벌어서 쓰거나 누리면 어떤 기분이 들까?

　그냥 부자가 되고 싶다고 바라기만 하는 것은 별로 좋지 못한 방법이다. 그 돈을 뒷받침하는 의미가 있어야 한다. 그렇지 않으면 집에서 만든 아이스크림을 팔아 부자가 되겠다고 생각하더라도 일이 어렵거나 비용이 많이 들거나 누군가 꿈이 크다고 말하는 순간, 할 수 있는 일은 다 해보려고 애쓰는 대신에 현 상태에 안주한다. 이 책을 읽어봐야겠다고 생각한 계기가 무엇이었는지부터 생각해보자. 돈이 더 많아지면 인생에 어떤 가치가 생기는가? 부자가 되면 당신의 존재가 어떻게 변하는가? 가진 재능 가운데 돈을 버는 대가로 기꺼이 나누고 싶은 재능은 무엇인가? 당신의 멋진 자아를 다른 사람과 공유하면 어떤 기분일까?

돈을 더 벌려면 그에 따르는 보상과 관련된 감정을 느껴보아야 한다. 감정이 곧 행동의 원동력이기 때문이다. 그리고 지금까지 벌어보지 못한 많은 돈을 벌고 싶다면, 지금까지 해본 적 없는 많은 일을 해야 한다. 그래야만 머릿속에 뿌리박힌 허튼 생각에 겁을 주고 쫓아낼 수 있다. 부자가 되는 일에 정말 열의를 느끼고 싶고, 그 일이 자신에게 왜 중요한지 분명하게 안다면 좋은 방법을 몇 가지 알려주겠다.

정말 구체적인 계획을 세우자

—

평범한 사람은 자기가 사는 세상에 대한 관점을 완전히 바꿀 만한 돈을 벌 준비는 고사하고, 어쩌다 한 번씩 비실용적이지만 매우 귀여운 구두를 사는 데 필요한 돈을 구하려는 의욕조차 느끼지 못한다. 내 말을 오해하지 말기 바란다. 누구나 다 자기만의 재능이 있다. 하지만 새롭고 반짝이는 재정 현실에 도달할 때까지 위험을 감수하고 정신적 변화를 꾀하면서 계속 밀고 나가려면 몸속에 크고 불타는 욕구가 들끓어야 한다.

지금까지 벌어본 적 없는 많은 돈을 벌려는 의욕이 생기도록 자신을 격려하려면, 그 일에 흥분해야 한다. 그리고 돈이 무엇 때문에 존재하고, 당신에게 어떤 의미가 있으며, 어떤 기분을 느끼게 하는지 아주 명확하게 알아야 한다. 그것이 불씨가 된다. 막연한 열망은 모호한 결과를 가져온다. 구체적인 열망을 품어야만 강렬한 힘을 발휘할 수 있다. 그 이유는 다음과 같다.

첫 번째로 구체적인 열망이 있어야 당신의 요구를 충족할 수 있다. 식당에 가서 샌드위치를 주문할 때, "안녕하세요, 샌드위치 하나 주세요"라고만 말하지 않을 것이다. 원하는 것을 구체적으로 주문해야 한다. "로스트비프 샌드위치요. 머스터드는 빼고 마요네즈만 넣어주시고요. 피클, 양상추, 토마토를 얹고 빵은 롤빵으로 해주세요. 아, 저쪽에 있는 더 큰 롤빵으로 만들어주실 수 있나요?" 그러면 당신이 세세하게 주문한 샌드위치를 받을 수 있고, 기분도 좋을 것이다. 돈을 버는 일에도 구체적인 열망이 필요하다. 만약 당신이 돈을 더 벌면 아주 행복할 것이라는 생각에만 집중한다면, 인생에 큰 변화를 가져올 수만 달러가 아니라 단돈 10달러만 벌지도 모른다.

두 번째로 구체성은 감정을 낳고, 감정은 목표를 달성하기 위해 무엇이든지 할 수 있다는 진지한 결단력을 안겨준다. 예를 들어, 다음 시나리오에서 다양한 감정적 추진력을 느껴보자. 당신은 부자가 될 마음의 준비를 하고 5만 달러를 더 벌어야겠다고 결심한다. 그렇게 되면 얼마나 기분이 좋을지 생각하고, 은행 계좌에 새롭게 숫자가 늘어나는 모습을 상상하자. 그리고 그만한 돈을 벌 수 있다는 데 자신감을 느끼며 기쁨을 만끽하는 자신의 모습을 그려보자. 하지만 올해

안에 5만 달러를 더 벌고 그 가운데 4만 달러는 몇 년 전부터 결심한 주방을 개조하는 데 쓰겠다는 것처럼 더 구체적으로 접근할 때와 같은 흥분은 느끼지 못할 것이다. 여러 잡지에 실린 근사한 주방 사진을 오려서 벽에 붙여놓고, 공사에 소요될 총비용을 찬장 손잡이 하나하나까지 전부 계산하는 일을 생각해보자. 그리고 새로 고친 주방에서 사랑하는 친구와 가족에게 둘러싸여 즐겁게 요리하는 모습을 상상해보자. 공간이 주는 감각을 느끼고, 음식 냄새를 맡고, 사랑하는 사람들에게 맛있는 요리를 해서 먹이는 모습을 보자. 그래서 자기는 무엇이든지 다 할 수 있고 이런 환경을 만들어낸 것도 바로 자기 자신이라는 데서 오는 만족을 느껴보자. 그리고 남은 1만 달러로 동생이 애견 미용 사업을 새로 시작하는 것을 도와준다. 당신은 사랑하는 동생이 기쁨에 감격하는 모습을 보면서 도와준 사람이 자신이라는 사실에 기뻐 날뛰고 싶어진다. 자신이 다른 사람을 도와줄 힘을 가진 사람이라는 것을 알면 삶에 깊은 의미가 생겨난다.

독자에게 들은 사례를 몇 가지 소개하려고 한다. 당신이 돈을 벌려는 이유를 명확하게 정리하는 데 도움이 되었으면 한다. 내가 부자가 되고 싶은 이유는 이렇다.

- 내 힘으로 빈털터리 신세에서 벗어나 부자가 되었다는 것을 알면 자신감이 생기고 영향력 있는 사람이 된 느낌이다.
- 돈이 많을수록 시간을 자유롭게 쓸 수 있다. 아이들과 좀 더 많은

시간을 함께 보낼 수 있었으면 좋겠다.

- 동물 구조 단체에 매년 수천 달러를 기부할 수 있다.
- 청구서를 지불하거나 필수품을 사는 데만 돈을 쓰는 것이 아니라 영화관에도 가고, 마음에 드는 옷도 사고, 내가 무엇보다 좋아하는 외식도 할 수 있다.
- 주변 사람들에게 근사한 선물을 주고, 가족과 함께 여행할 수 있다.
- 최고의 모습으로 살아가면서 하고 싶은 일을 마음껏 할 수 있다.
- 내 딸이나 고통받는 여성, 특히 남자에게 학대받으면서도 그 관계에서 빠져나오지 못하는 여성에게 좋은 자극이 될 것이다.
- 저축해둔 돈을 생각하면서 밤에 편히 잘 것이다. 지금은 스트레스 때문에 잠을 잘 자지 못한다.
- 조기 퇴직, 야호!

자신의 가장 진실한 모습과 손을 잡자

—

염소들이 내 집을 엉망진창으로 만든 뒤, 집을 원래 모습대로 돌려놓기까지 며칠이나 걸렸다. 그리고 내 아우디에 덮어놓은 합판을 걷어차고 그 위에서 탭댄스를 추는 바람에 보닛을 교체하느라(아주 고맙게도 새 차였다) 또 천 달러가 들었다. 하지만 염소들한테 화를 낼 수는 없었다. 말도 안 되게 귀여울 뿐만 아니라 염소니까 말이다. 무언가를 파괴하고, 어딘가에 올라타고, 아침에 일어나서 '오늘은 또 뭘 망가뜨릴까?' 궁리하는 것이 이들의 천성이다. 그러니 이 염소들에게 화를 내는 것은 내 개가 까마귀를 보고 짖는다고 화를 내거나, 이탈리아 출신의 아버지가 이탈리아 음식 외에는 전부 거부하고 먹지 않는다고 화를 내는 것과 마찬가지다. 이들은 모두 자신의 본성에 충실한 것뿐이다.

살아 있는 생물에는 모두 자기 본성의 일부인 어떤 특징이나 성격이 내재한다. 즉 이런 특성은 원래부터 우리가 지닌 것이고, 해야 할 일이다. 새들은 날아다니고 물고기는 헤엄친다. 지금 커피숍에서 내 옆에 앉은 남자는 그래놀라를 손을 이용해 먹어야 한다. 우리는 자신의 본모습에 거스르는 행동을 할 경우 스트레스를 느끼며 자신을 비난한다. 그리고 일은 쉽게 풀리지 않으며 모든 것이 다 힘들기만 하다. 따라서 다른 사람들(당신의 겁쟁이 자아를 비롯해)이 넌 이런 식으로 살아야 한다며 이러쿵저러쿵 말하는 데 귀를 기울이면 치명적인 결과를 초래한다. 그들의 말에 따라 힘겹게 삶을 헤쳐나가는 상황에 처하는데, 자기가 하고 싶은 일을 하는 것이 아닐 경우 종일 책상 앞에 앉아 있는 것만으로도 진이 다 빠질 수 있다. 반면, 마음의 소리에 귀 기울이면서 자신의 진정한 미래상을 발견하면 일에 몰입할 수 있는 에너지가 생기고, 일이 훨씬 쉽게 풀리며, 생각지도 않은 기회가 찾아온다. 물론 어려운 일도 생기고 눈앞에서 일이 잘못되는 상황도 있겠지만 이런 학습 경험은 언덕 위로 바윗돌을 밀어 올리느라 인생을 허비하는 것과는 완전히 다르다.

당신이 흥미를 느끼는 일, 잘하는 일, 푹 빠져들 수 있는 일, 몇 시간 동안이나 똑같은 자세로 앉아 열중한 탓에 자리에서 일어나면서 "내 발! 발에 감각이 없어!"라고 말할 수 있는 일에 관심을 기울여야 한다. 의무감이라는 두꺼운 안개 속을 헤쳐나가는 대신 자기 마음이 이끄는 대로 몸을 내맡겨 보자. 우리는 성공은 어려운 일이라는 생각에 사로잡혀서 자연스레 이루어지는 일을 불신하거나, 자기에게 쉽게 다가온 일은 다른 이들에게도 똑같을 것이므로 진지하게 추구할 가치가 없다고 여기는 경우가 많다.

내 친구 중에 오랫동안 광고 책임자로 일한 친구가 있는데, 그는 이 일을 정말 싫어했다. 그와 나는 오래된 친구 사이로, 그는 정말 뛰어난 연기자였다. 항상 배꼽 빠지게 나를 웃겼다. 예전에 내가 참석한 파티가 재미있었던 이유도 다 친구 덕분이었다. 그는 파티 출입구 옆에서 기다리고 있다가 새로운 인물이 도착하면 두루마리 화장지 심으로 만든 확성기로 그 사실을 알렸다.

"한때 젠 앳킨슨 가족의 옆집에 살았던 캐서린 앳킨스가 도착했습니다. 새로운 손님이 환영받는 기분을 느끼도록 열렬한 박수 부탁드려요."

그는 즉흥적으로 장기 자랑이나 음악 연주회를 열기도 했다. 그리고 파티에 온 손님들은 그가 크래커에 치즈 스프레드로 초상화를 그리는 동안 기꺼이 모델이 되어주었다.

당연한 일이지만 그는 유대교 성인식부터 록 밴드 공연에 이르기까지 온갖 행사의 진행을 맡아달라는 부탁을 계속 받았다. 그런 작업을 즐거운 마음으로 잘 해내긴 했지만 어쨌든 그것도 일은 일이었다. 하지만 그는 이런 일에 수고비를 청구할 수 없다고 생각했다. 첫째, 일하면서 자기도 즐겼으니 돈을 받을 수 없다. 둘째, 그는 친구들에게 돈을 요구하는 것이 이상하다고 생각했다. 마지막으로, 사람들을 행사에 끌어모으거나 무대에서 농담을 던지는 것은 누구나 할 수 있는 일이라고 여겼다. 덕분에 그는 몇 년 동안 기본적으로 투잡을 뛰었다. 하나는 정말 싫지만 그래도 돈을 받고 하는 일이었고 다른 하나는 좋아서 하는 일이지만 돈을 받지 않는 일이었다. 그러다가 어느 날에, 일 때문에 갔던 한 기업 광고 행사에서 전문 사회자를 만났다. 그 사람은 많은 돈을 받으며 일했지만, 내 친구보다 전혀 재미있거나 매력적이지도 않았으며 행사에 참여한 사람들 대부분이 좋아하지도 않았다.

너무나도 실력이 형편없는 그 사회자 때문에 심하게 열 받은 내 친구는 마침내 자신의 훌륭한 사회 서비스에 대해 돈을 받기 시작했다. 또 함께 일한 사람들에게 자신의 새로운 직업에 대한 소문을 퍼뜨려달라고 부탁했다. 덕분에 지금은 전문 사회자로 매우 인기를 끈다. 두려움이 아니라 마음의 소리를 따르는 대담함 덕에, 그는 싫어하는 직장을 그만두고 이제 익살꾼이 되어 돈을 벌며 시간을 보낸다.

마음은 우리 몸에서 가장 강력한 근육이다.
그러니 마음이 말하는 대로 따르자.

여러 가지 일을 '동시에' 해내자

—

자기 마음이 하는 말을 받아 적으면서 부자가 되고 싶은 이유를 명확하게 정리하는 동안, 치명적인 양자택일 현상의 희생양이 되지 않도록 주의해야 한다. 설명하자면 이렇다. 우리는 두려움에 기반을 둔 사회에 살고 있다. 이 사회는 삶이 얼마나 힘든지 일깨워주며, 돈 버는 것은 정말 어려운 일이라고 경고한다. 그리고 분에 넘치는 일을 하지 않도록 자제시키며, "마음껏 즐겨!"보다는 "조심해!"라고 외치는 것을 좋아한다. 결과적으로 우리는 자기 능력을 최대한 발휘하기보다는 스스로 자신을 억제하는 것이 더 낫다는 생각을 받아들인다. 재미있고 자유롭게 사는 인생과 자신에게 주어진 것을 그대로 받아들이는 인생 중의 하나를 택하게 되었다. 좋아하는 일을 하든가 돈을 벌든가, 휴가 여행을 가든가 자동차 대출금을 갚든가 둘 중 하나만 택한다는 이야기다.

이 무슨 하품 나는 소리란 말인가. 아끼고 절약하고 신중하게 행동할 수 있는 방법만 생각하지 말고, 자기 삶을 확대하고 성장시켜 자신 있게 인생을 살아가는 멋진 사람처럼 행동하는 방법을 찾아야 한다.

- 화려한 경력을 쌓으면서 동시에 훌륭한 어머니가 된다.
- 세상을 여행하면서 동시에 자기 사업을 운영한다.
- 원하는 몸무게에 도달하면서 동시에 치킨 윙도 먹는다.

가장 중요하고 대담하며 진실하게 표현된 본인의 삶을 상상해보면서 자기 마음을 밝혀주는 것들을 파악할 때 구두쇠처럼 굴지 말자. 풍족한 지구에 살며(실제로 그렇다) 원하는 금전적 현실을 전부 달성할 수 있는 능력을 지니고(할 수 있다) 이를 통해 가장 경이로운 자신의 모습을 세상과 공유할 수 있는(그렇게 된다) 것처럼 행동하자.

당신이 영광스럽게 성장하길 바라는 사람은 당신 자신밖에 없다. 안전지대에 있는 자신을 끌어내서 제대로 살아가려면, 최고의 삶을 창조한다는 이 문제를 더없이 진지하게 받아들여야 한다. 내가 아는데, 당신은 전에 산도 옮겨보았다. 당신의 희망이 무엇이든 정말, 정말 간절하게 바랐기 때문에 가능했던 일이다. 어쩌면 자기가 넘볼 수 없는 상대에게 데이트를 신청했을 수도 있고, 사람들 앞에서 연설하는 두려움과 정면으로 맞서거나, 자기 사업을 시작하거나, 그리고 꿈을 품은 채 머나먼 땅으로 떠났을 수도 있다. 당신의 바람이 충분히 강하다면, 그 무엇도 당신을 방해할 수 없다. 그렇다면 평생 살아가는 데 필요한 부를 손에 넣는 것을 얼마나 간절히 바라는가? 한동안 자기 마음의 소리에 귀 기울이면서 두려움이 당신을 지배할 수 없다는 사실을 똑똑히 알자.

부자가 되어야 하는 확실한 '이유'를
믿은 덕에 7만 5천 달러를 번 32살 애니타

인생을 새로운 단계로 발전시키고 싶다고 생각하면서, 내가 할 일은 직장을 그만두고 새롭고 흥미로운 인생의 장을 다시 시작하는 것이라고 여겼다. 이것은 아주 오랫동안 품었던 생각이다.

하지만 그 목표에 집중할 때마다 왠지 그것이 옳은 일이 아닌 듯한 기분이 들었다. 결국 직장을 관두려면 가계 부채를 청산해야 한다는 사실을 깨달았다. 주택 융자금은 거의 다 상환한 상태고 자동차 대출도 별로 많이 남지 않았다. 그래서 내가 우리 집에서 주로 돈을 버는 사람이긴 해도 이 대출금을 모두 갚을 수만 있다면 직장을 그만두어도 괜찮을 것으로 판단했다. 부채를 모두 합하니 7만 5천 달러쯤 되었다. 좋다, 이제 7만 5천 달러를 마련한다는 목표가 생겼다! 그런데 대체 어디서 7만 5천 달러를 구한단 말인가.

'이건 말도 안 돼! 이게 가능할 거로 생각하다니 대체 왜 그랬을까? 다른 일자리를 구하거나 뭔가를 팔아서 그만한 액수를 버는 것도 불가능해.'

그러자 내 목표가 정말 어리석다는 생각이 들기 시작했다(어쩌면 가치 없는 목표일지도). 어찌할 바를 몰랐다.

그렇게 징징거리면서 일주일을 보내다가, 결국 두려움에 떠는 것을 그만두고 75라는 숫자에 집중하기 시작했다. 75라는 숫자에 대해 명상하고, 일기장에도 온통 75를 적었다. 그러면 무언가가 이루어지리라고 믿었다. 그런데…… 아무 일도 일어나지 않았다. 빌어먹을! 어느 날 밤 침대에 누워 내가 보지 못하는 무언가가 있는 것이 확실하다고 생각했다. 돈을 찾지 못한 곳이 어딘가에 틀림없이 있을 것이다. 내가 바라는 것은 전부 이미 이곳에 존재한다는 사실을 기억했다. 어딘가에 말이다.

그러다가 퍼뜩 1999년에 어느 신생 회사의 자문위원회에 참여한 대가로 주식을 조금 받았던 일이 떠올랐다. 흠, 현재 그 회사는 상장이 된 상태인데 내가 받은 주식 가치가 얼마나 될지 궁금했다. 우리 집 서재에 쌓인 파일 더미 어딘가에 그 주식 정보가 파묻혀 있을 텐데. 다행히 다음 날 아침에 기적적으로 손쉽게 그 파일을 찾았다. 그리고 주식의 현재 가치와 파는 방법을 문의하려고 회사로 전화를 걸었다. 이 주식이 과연 가치가 있는지조차 알 수 없었지만 어쨌든 한번 알아보기는 해야 했다. 펀드 매니저는 매우 친절하게 주식 판매 과정을 안내해주었다. 처음에 받았을 때는 2백 달러 정도의 가치가 있었던 주식이 지금은 가격이 얼마나 되느냐고 물어보았다.

과연 현재 가치가 얼마나 될 거 같은가?

다들 들을 준비가 되었는가?

그렇다, 바로 7만 5천 달러였다. 정말 놀랍지 않은가?

그 매니저가 액수를 말한 순간 너무 놀라서 하마터면 전화기를 떨어뜨릴 뻔했다. 지금도 여전히 충격에서 벗어나지 못한 상태고 말도 못 하게 흥분해 있다. 정말 조잡해 보이지만, 이 방법은 효과가 있다.

그러니 당신도 절대 꿈을 포기하지 말기 바란다.

CHAPTER 06

싸구려처럼
보여도
부자가 될래요

배우 짐 캐리가 〈오프라 윈프리 쇼〉에 출연한 적이 있다. 그 프로그램에서 정신력을 이용해 1천만 달러와 성공적인 연기 경력을 현실화한 방법에 대한 근사한 이야기를 들려주었다.

캐리는 항상 사람들을 즐겁게 해주고 싶었고, 어릴 때부터 표정을 찰흙 인형처럼 자유자재로 바꿀 수 있었다. 그리고 15살 때 처음으로 코미디 클럽에서 공연했다. 고등학교를 중퇴한 뒤 낮에는 공장에서 일해 가족을 부양하고 밤에는 코미디 클럽에서 웃음을 주거나 야유를 받는 등 많은 일을 겪던 캐리는 무일푼이 되어 가족과 함께 트럭에서 생활하게 되었다. 얼마 안 있어 유명한 배우가 되겠다는 꿈을 실현하기 위해 로스앤젤레스로 거처를 옮겼다. 무일푼에 직업도 없었지만, 감독들이 자기에게 관심을 보이고 존경하는 사람들이 자신의 연기를 칭찬해주는 상상을 했다. '나는 훌륭한 배우다, 업계의 유력 인사들이 저기에서 나를 기다린다' 같은 생각에 집중했다. 비록 아직 팬들에게 둘러싸이는 상황은 아니었지만 그래도 이런 생각을 하면 기분이 좋았다.

또 짐 캐리는 자기 앞으로 1천만 달러짜리 수표를 발행했는데, 3년 뒤의 날짜를 적고 참고란에는 출연료라고 썼다. 그리고 이 낡은 종이를 몇 년 동안 지갑에 넣어 다니면서 수많은 코미디 공연과 TV 프로그램, 영화에 출연했다. 하지만 그중 어떤 것도 경력이나 재정 상태를 원하는 만큼 쌓지 못했다. 그럼에도 캐리는 믿음을 잃지 않고 자기가 번 돈으로 가족을 돌보는 모습을 상상하면서 성공에 대한 감각을 부채질하고 계속해서 열심히 일했다. 이렇게 기나긴 이야기를 짧게 요약하자면, 결국 지갑 속 수표에 적힌 날짜가 되기 직전에 영화 〈덤 앤더머〉에서 배역을 맡아 출연료로 1천만 달러를 받았다.

우리는 모두 자기가 생각하고 싶은 것을 생각할 자유가 있고, 자신의 생각이 금전적 현실의 밑바탕이 된다는 사실에 책임져야 한다.

마음속에 품은 일은 곧 현실이 된다.

나는 부의 마음가짐을 습득하는 데 무엇이 필요한지 보여주는 짐 캐리의 이야기를 정말 좋아한다.

- 자기가 바라는 것을 명확하고 구체적으로 밝힌다. 목표가 무엇

인가? 이 목표를 실현하여 벌고 싶은 액수가 얼마인가? 그 돈을 언제까지 벌고 싶은가? 그 돈을 원하는 이유는 무엇이고, 어디에 쓸 생각인가?

• 현실의 비전을 마음속에 간직하고, 진지한 결단력과 그것을 실현하겠다는 끈질긴 목적의식을 갖는다.
• 자신의 비전과 열렬한 사랑에 빠져 당신을 가로막으려는 제한된 잠재의식 속 믿음이 도저히 당해낼 수 없게 한다.
• 목표를 달성하기까지 아무리 오랜 시간이 걸릴 듯해도, 그것이 이미 자기 것이라는 굳은 믿음과 깊은 감사의 마음을 품자. 절대로 믿음을 잃어서는 안 된다. 절대.
• 목표와 신념을 바탕으로 행동을 취한다.

짐 캐리의 이야기는 돈을 벌 때 사고방식이 하는 역할과 관련해 가장 많이 제기하는 이의 가운데 하나이다. 그것은 바로, "자신의 금전적 현실이 다른 사람의 행동에 달렸다면 어떻게 하나? 내 생각이 어떻게 다른 사람의 행동을 제어할 수 있는가?" 하는 것이다. 다른 사람에게 고용되어 일하는 사람이나 하급자들이 돈을 벌어오면 그중에서 일정 비율을 가져가는 다단계 판매업 종사자에게서 이런 말을 많이 들었다. 이 문제를 잘 생각해보면, 사람은 누구나 다른 이들에게 의지해서 제품과 서비스를 구입하고, 투자를 강화하며, 일에 대한 보수를 받을 수 있다. 돈은 다른 사람을 통해 도달한다. 그러므로, "난 다른 사람을 마음대로 제어할 능력이 없다"라는 말을 변명으로 내세우며 계속 무일푼으로 살아가는 인생을 정당화할 수는 없다.

내가 마음을 지배하자 나타난 힘을 처음 경험했을 때는 정말 놀랐다. 감히 말하자면 짐 캐리의 1천만 달러 수표만큼이나 마법 같은 상황이었다. 그것은 처음으로 개인 코치에게 지도받을 때 벌어진 일이다. 코치는 출간 기획서의 작성을 도와주는 온라인 사업을 시작하도록 나를 도와주었고, 또 인생 코치가 되기 위한 기술을 연마하는 데도 도움을 주었다. 당시에는 나에게 개인 코치를 받는 고객이 두어 명 있었고, 온라인 사업 덕분에 연 수입도 세 배나 늘었다. 수입이 세 배로 늘어난 것은 엄청나게 기쁜 일이다. 하지만 원래 수입이 한 식당에서 일하는 사람보다 적었다는 것을 생각하면, 당장 비행기 일등석을 타고 다닐 정도로 많이 번 것도 아니었다. 나는 전과 완전히 다른 사람이 된 듯한 느낌이 들 정도로 많은 돈을 벌고 싶었다. 중요한 일을 책임지는 대단한 사람이 된 기분을 느끼고 싶었다. 하기로 한 것은 무엇이든지 할 수 있고, 자유롭게 여기저기로 날아다니면서 더는 빈둥거리지 않는 그런 사람 말이다.

코치는 내가 정말 열심히 일한다면 온라인 사업으로 일주일에 벌 수 있는 돈이 얼마나 되는지 말해보라고 했다. 계산하거나, 다른 이들이 책정하는 금액을 고려하지 말고 그냥 직관적으로 떠오르는 금액을 말하라고 했다. 내 머릿속에 순간적으로 떠오른 숫자는 일주일에 5천 달러였다. 그때까지 내가 일주일에 번 최대 금액은 아마 1천~2

천 달러 정도였다. 그러니 정말 무서울 정도로 많은 금액이었지만, 나는 그 액수에 흥분했고 그것을 실현할 수 있는 내 능력에 약간 자만심도 들었다.

"좋아요."

코치가 말했다.

"이제 그걸 두 배로 늘리세요."

그렇게 액수를 정하고 난 뒤, 우리는 함께 행동 계획을 세웠다. 나는 세 사람에게 개인 코치로 출간 기획서 쓰는 과정을 전체적으로 도와준 뒤 한 사람 당 3천 달러를 받기로 했다. 그리고 기존에 진행 중이던 1천 달러짜리 단체 코칭 과정을 하면 다 합쳐서 일주일에 1만 달러를 벌 수 있다. 어떻게 세 사람을 설득해서 그만한 돈을 쓰게 할 수 있을지는 알 수 없었다. 내가 아는 것은 공식적으로 나에게 다른 수입원이 없는 상태이니 그렇게 해서라도 1만 달러를 벌어야 한다는 사실뿐이었다.

그리고 우리는 계획대로 했고 나는 다음과 같은 사항을 분명히 했다.

- 왜 나는 돈을 원하는가? 돈에 휘둘리며 사는 것이 아니라 내 삶의 주인이 되어 자유롭게 산다는 느낌을 받기 위해서.
- 그 돈은 어디에 사용할 생각인가? 카드 빚 1만 달러를 갚을 것이다. 카드 회사에 빚진 채 사는 것이 너무 싫다. 카드 빚은 정말 짜증 나고 지긋지긋하다.

- 돈을 벌기 위해 무엇을 할 생각인가? 일대일로 하는 출간 기획서 코칭 패키지 세 개와 단체 코칭 과정을 진행할 것이다.
- 그 돈을 언제까지 벌 것인가? 일을 제대로 해내려면 생사가 걸린 것처럼 달려들어야 한다는 것을 안다. 1만 달러를 버는 일에 한 점 흔들림 없이 집중해서 누가 나에게 돌을 던지거나, 전기를 끊더라도 승리할 때까지 계속 버틸 것이다. 그런 결연한 상태를 얼마나 오래 유지할 수 있을지 몰랐기 때문에, 코치는 일주일 안에만 돈을 벌면 된다고 했지만 나는 이틀 안에 해내겠다고 결심했다.

코치와 통화하면서 계획들을 세웠다. 자신이 없어졌다가 한껏 들떴다가 하면서 돈을 벌 준비를 하는데 문득 생각지도 못한 생각이 떠올랐다. 1년쯤 전에 지도해준 사람이 있는데, 그 사람은 내가 처음으로 일대일로 인생 코치를 해준 고객이었다. 그와 소식이 끊긴 지 적어도 1년은 지났지만, 혹시 나와 다시 일하고 싶지는 않은지 알아봐야겠다는 생각이 들었다. 작가는 아니지만 전반적인 인생 코치를 받고 싶을지도 모르지 않는가? 그 생각이 떠오르자마자 내 받은편지함에 이메일이 하나 도착했다. 바로 그 사람이 보낸 것이었다. 1년 동안 아무 소식도 못 들었는데 그를 생각한 순간 이메일이 온 것이다. 지금도 그때 일을 생각하면 머리카락이 쭈뼛 서는 느낌이다. 그는 내가 진행하는 인생 코칭 패키지는 무엇이며 가격은 얼마냐고 물었다.

요약해서 말하면, 그에게 6개월짜리 일대일 인생 코칭 패키지를 1만 2천 달러에 팔고 그다음 날에는 어떤 작가에게 3천 달러짜리 패키지를 판매하는 놀라운 결말을 맞았다. 겨우 48시간 만에 1만 5천 달러를 벌었다.

이 이야기에서 언급하고 싶은 부분이 두어 가지 있다. 하나는 애초에 내가 생각했던 것과는 다른 사람과 방식으로 돈이 들어왔다는 것이다. 우리는 아는 방법을 모두 동원하면서 동시에 '갑자기 떠오르는' 아이디어와 기회를 맞아들이도록 마음을 열어야 한다.

또 하나 언급해야 할 사항은, 1만 2천 달러라는 어마어마한 금액을 청구하기 위해 내 마음가짐을 바꾸었다는 것이다. 나는 그 사람을 좋아하고 전에 함께할 때도 정말 즐겁게 했기 때문에 진심으로 돕고 싶었다. 그에게 마지막으로 지도할 때는 시간당 25달러 정도를 받고 코칭 서비스를 제공했다. 1만 2천 달러의 코칭 패키지 가격을 시간당으로 환산하면 3백 달러에 달하는 금액이다. 그것도 최소한으로 따졌을 때 말이다. 그에게 답장을 보내면서 이 가격을 적은 것은 내가 한 일 가운데 가장 겁나는 일이었다. 아직 허물 벗기 과정 중이던 내 안의 일부가 나를 나쁜 사람이라며, 네가 뭔데 감히 그렇게 비싼 금액을 청구하느냐며 비난한다고 생각했기 때문이었다. 그리고 만약 그가 헛소리하지 말라고 답장을 써 보낸다면 그 의견을 존중해야 한다고 여겼다. 하지만 큰물에서 놀 준비가 된 내 일면에는 난 48시간 안에 1만 달러를 벌 수 있고 마음먹은 것은 무엇이든지 할 수 있다고 생각하는 배짱이 있었다. 그리고 시간당 25달러보다 3백 달러 과정에서 더 많은 것을 가르칠 수 있다는 것을 알기에 내가 정한 가격이 옳다고 느꼈다. 그 시점에는 벌써 몇 년 동안 코치 경험을 쌓았고 공부도 했기 때문에 내가 이 일을 잘한다고 믿었다. 그래서 그렇게 많은 금액을 청구하는 일이 두려운 동시에 한편으로는 더없이 흥미진진하고 자신감이 솟으면서 원래 내 자리처럼 생생한 기분도 들었다. 나는 최고의 코치로서 역량을 발휘하리라는 것을 알았다. 또한 그가 즉시 답장을 보내 등록하겠다고 했을 때 그도 지금의 자리보다 한층 높은 수준에서 활약할 준비가 되었음을 알아차렸다.

내 위치를 명확히 하고 높은 금액을 제시하면서 그에게 내가 도달한 수준에서 함께할 수 있는 기회를 제공한 것이다. 그리고 그 돈은 우리 둘 모두에게 상당히 큰 금액이었기 때문에 당시 둘 다 상당한 각오를 했음을 지금도 느낄 수 있다. 덕분에 나는 최고의 코치가 되었고 그는 몇 달 안에 수백만 달러 규모의 사업 거래를 성사했다.

다른 사람은 자기 마음대로 통제할 수 없지만 자신의 생각과 행동은 통제할 수 있다. 그러니 자신의 금전적 현실을 변화시키기 위해 집중해야 할 곳은 바로 거기다. 늘 불평만 늘어놓고 남을 비난하기만 하는 사람은 현실에서 벗어날 수 없다. "경제가 완전히 곤두박질치고 있어. 그러니까 내가 새로 벌인 사업도 완전히 망할 수밖에 없지! 어떻게 내 생각만으로 그런 상황을 통제할 수 있겠어?" 이들은 자신의 사고방식을 개선하고 자기 자신에게 변화를 시작하라고 요구하는 대신, 모든 것이 자기 통제에서 벗어나 있다고 주장한다. 그러면서 직접 책임지고 자신의 삶을 스스로 변화하려고 하지 않는다. 그리고 자기 권한을 전부 주변 상황에 넘겨버린다. 그에 반해 앞날이 캄캄한 상황에서도, 찌그러진 차에 앉아 플라스틱 숟가락으로 통조림 콩을 떠먹으며 자기가 곧 부유하고 유명해질 것이라는 믿음을 품는 짐 캐리 같은 사람도 있다.

당신은 변명할 수도 있고 성공할 수도 있다. 그 두 가지를 다 할 수는 없다. 자기가 어떤 결과에 마음을 쏟도록 훈련하는가에 따라 눈앞에 펼쳐지는 현실이 달라진다. 어떤 사람은 다른 이보다 더 많은 고난을 겪고 더 큰 장애물을 극복해야 하지만, 자신의 현실을 인지하는 방식과 관련해서는 누구나 똑같은 선택권이 있다. 극도로 빈곤한 상황에서 자라나 교육도 거의 받지 못하고 앞날에 대한 전망이나 지원도 빈약하지만, 그래도 어떻게든 부자가 될 수 있다고 믿는 사람이 있다. 그들은 자기가 처한 환경의 부정적인 측면보다는 부자가 되기 위한 방법에 모든 관심과 행동을 집중하고 노력해 결국 수백, 수천만 달러를 벌어들인다. 또 부자로 태어나 최고의 학교에서 교육을 받고 화려한 인맥과 어휘 능력이 있었지만, 결국 길거리에 나앉고 마는 그런 사람도 있다. 성공은 자신의 환경에 달린 것이 아니라, 자기가 어떤 사람이냐에 달렸다. 사람은 무슨 일이든 하고, 가진 것을 다 팔아서 부자가 되기도 한다. 하지만 한편으로는 똑같은 것을 똑같은 방식으로 하거나 팔다가 망하기도 한다.

태도가 모든 것을 주도한다

—

생각이 지닌 전능한 힘을 활용해서 원하는 만큼 부유해질 수 있는 확실한 방법이 몇 가지 있다.

1. 새로운 관점에 집중한다

자기가 집중하는 대상은 더 많이 생겨난다. 이것은 매우 간단한 개념이지만 계속 반복해서 생각해야 한다. 나도 계속해서 되뇌는데 그 이유는 이것이 정말 강력한 힘을 발휘하지만 '현재 상태'에 집착하는 습관 탓에 금세 머릿속에서 사라지기 때문이다. 우리는 일이 그렇게 쉽게 풀릴 것으로 생각하고 싶어 하지 않는다. 또한 자기 삶을 책임지고 싶어 하지도 않는다.

　그러는 사이에 내내 자신의 강한 집중력을 사용하면서도 그것을 알아차리지 못한다. 걱정이라는 친구를 통해 우리 삶에 불행을 야기하는 데 집중력을 사용하는 것이다.

　걱정은 우리가 원치 않는 일들을 위한 기도다.

당신은 최악의 시나리오와 원하는 것을 가질 수 없는 이유에 집중한다. 여기에는 수많은 감정과 구체적인 내용과 믿음이 관련되기 때문에, 결국 전문가다운 정밀함으로 자기가 원치 않는 것을 계속 만들어낸다. 하지만 좋은 소식이 하나 있다. 만약 당신이 걱정에 특히 숙달된 사람이라면 이는 집중력이 매우 뛰어나다는 뜻이므로 이제 그 집중력을 다른 방향으로 돌리면 된다.

예를 들어, 빚 2만 달러와 부양해야 하는 자녀 열두 명이 있는데 자기 직업을 싫어하고 집도 아주 좁다고 가정해보자. 현실에 집중하면서 과민하게 반응하면 결국 다음과 같은 상황이 발생한다.

- 자기 인생은 구제 불능이라는 생각에 계속 매인다.
- 자기 상황이 얼마나 절망적인가 생각한다.
- 두려움과 슬픔과 패배자 같은 감정을 더 자극한다.
- 태아처럼 잔뜩 웅크리고 세상을 거부하고 싶은 기분이 든다.

이제 집중하는 대상을 의식적으로 바꾸고 아까와 똑같은 상황을 새로운 관점에서 바라보자. 2만 달러가 필요하면 그 돈을 구할 수 있다 (이 말은 곧 돈이 필요하면 필요한 돈을 구할 수 있을 것이라는 뜻이다). 일하면서 돈을 벌 수 있어서 감사하다. 그리고 이렇게 일자리를 한번 구했으니 더 좋은 일자리도 구할 것이라고 믿는다. 나는 누구나 고용하고 싶어 할 만한 인재니까 말이다. 나는 사랑과 가족에게 둘러싸여서 산다. 이 얼마나 멋진 일인가?

이런 새로운 관점을 통해 다음과 같은 일이 가능하다.

- 감사할 존재가 있다는 생각을 심어준다.
- 자기가 정말 축복받은 사람이라고 생각한다.
- 기쁨과 희망과 감동이 솟아난다.
- 현실에서 벗어나 더 멋진 일을 하도록 격려해준다.

집중하는 대상을 바꾸어 자기가 가진 긍정적인 마음과 바라는 것에 집중하면 태도가 달라진다. 그렇기에 지금까지 알아차리지 못한 돈벌이 기회와 자신을 위한 멋진 삶을 상상할 수 있는 능력 등 삶을 변화시키는 데 필요한 모든 것에 맞추어 집중하고 마음을 열어야 한다.

한 가지 일에 집중하면
다른 것을 보는 일이 불가능하다.

걱정에 잠기면 계속 걱정거리가 더 생길 뿐만 아니라 주변에 있는 다른 가능성을 전혀 보지 못한다.

예전에 참치 샌드위치가 너무 먹고 싶어서 참치 캔을 찾으러 식료품 저장실에 갔다가 좌절한 적이 있다. 날개다랑어가 있는 작은 파란색 캔을 어디에서도 찾을 수가 없었다. 패배감에 사로잡혀 나가려던 순간, '집에 틀림없이 참치 캔이 있다는 걸 알잖아'라는 생각이 떠올라서 계속 찾아보았더니 갑자기 내 얼굴 바로 앞에 참치 캔 두 개가 나타났다. 문제는 그 참치 캔이 평소에 먹던 파란색이 아니라 빨간색이었다는 것. 파란색 캔만 찾다보니 빨간색 참치 캔은 눈에 띄지 않았다.

점심시간에 벌어진 이 서스펜스 스릴러를 당신에게 이야기하는 까닭은 우리가 낡은 사고방식과 믿음을 고수하면서 거기에만 집중하느라 황금 같은 기회나 인생을 바꿔놓을 인간관계, 갈망하던 경험을 얼마나 자주 놓치는지 설명하기 위해서다.

과거에 집중하면 현재를 볼 수 없다.

당신은 자기 현실의 주인이고, 당신의 인식은 그것을 조절하고 관리한다.

2. 감정 스위치를 누른다

돈을 많이 벌기 위해 긍정적으로 생각하겠다고 결심하더라도, 거기에 감정이 결여되면 그것은 무기력하고 쓸모없고 허풍스러운 생각일 뿐이다. 나는 돈을 좋아해, 돈이 내게 손쉽게 흘러 들어올 거야, 나는 돈 버는 능력이 정말 뛰어나 같은 확언을 되뇌더라도 그 밑에 무거운 한숨이 깔렸다면 결국 모든 시간을 낭비할 뿐이다. 무언가를 생각한다는 것과 믿는다는 것은 다른 일이다. 그 생각에 거대한 긍정적 감정이 수반되어야만 새로운 믿음과 두려움 없는 행동을 만드는 엄청난 힘이 발휘된다. 그 결과 인생과 은행 계좌에 흥미진진한 새 현실이 도래하는 것이다.

우리는 영적 존재이자 육체적 존재이기에 생각이나 믿음, 직감, 상상력, 감정 등 보이지 않는 영역에서 일어나는 모든 일이 물리적 현실에 영향을 미친다. 예를 들어 고통을 느낄 때는 울기도 하고 얼굴이 뻣뻣하게 굳어서 이상해 보이기도 하며 심하게 화가 났을 때는 토하는 경우까지 있다. 흥분하면 심장이 빨리 뛰고 온몸이 따끔거리며, 도로에 뛰어들어 차에 탄 낯선 사람을 밖으로 끌어내 그 사람 머리에 마구 뽀뽀 세례를 퍼붓기도 한다. 우리 감정은 생각을 물리적인 현실로 만들기 위한 행동에 나설 때가 되었다는 것을 몸에 알린다. 탁상 스탠드가 전기를 빛으로 변환하듯이, 우리 몸은 생각을 받아들여 그것을 결과로 전환한다. 이런 일이 일어나려면 스위치를 켜야 하는데, 감정이 바로 그 스위치다.

자기가 끔찍한 현실의 소용돌이 속에서 허우적대고 있음을 깨닫는다면, 그것도 이런 연쇄반응 때문이다. 어떤 감정을 유발하는 생각을 하면, 그 감정 때문에 불만스러운 결과만 연속적으로 생기도록 행동하는 것이다. 일례로 당신 자신이 빈털터리인 상황이 불만이라고 가정해보자. 그러면 즐거움을 느끼거나 성장할 가능성이 생길 때마다 계속 이렇게 생각한다. 영화 보러 가고 싶니? 못 가, 빈털터리거든. 네 인생을 완전히 바꿔놓을지도 모르는 성공한 사람과 함께 저녁 먹으러 가고 싶니? 못 가, 빈털터리거든. 널 돈 많고 젊고 아주 재미있는 사람으로 만들어줄 마법의 알약을 사고 싶니? 못 사, 빈털터리거든.

그렇게 되면 당신은 상상력과 의지력 그리고 "이건 나한테 정말 중요하기 때문에 결국 알아냈어, 그래 내가 해냈다고!"라고 외치는 힘을 이용하지 못한다. 또한 절망감과 무력감이 권태로운 '현실'을 계속 재창조하는 상황에 놓인다. 현재 처한 상황 너머를 보지 못하고, 상상할 수 있는 능력을 차단하고, 스스로 희생자가 되기를 자처한다. '나는 빈털터리야' 같은 무능한 생각이 계속 머릿속을 맴돌게 놔두면 미지의 세상으로 용감하게 뛰어들기는커녕 길가에 떨어진 동전을 집을 힘조차 없다. 이런 틀에 박힌 생활에서 벗어나려면 다르고 새로운 것을 생각하겠다고 결심하고 그 생각에 감정을 듬뿍 덧입혀야 한다.

어떤 생각과 믿음, 그리고 감정을 의식적으로
거부하지 않을 때, 어느새 무의식적으로 받아들인다.

인식은 자유의 열쇠다. 자신의 생각과 감정에 관심을 기울이면 보다 나은 선택을 할 수 있는 권한을 자신에게 부여하고 크리스마스 시즌의 도심처럼 마음을 환하게 밝혀주는 생각을 한다.

자신의 역량을 최대한 발휘하는 가장 좋은 방법은 부자가 되려는 '이유'를 명확하게 이해하고 거기에 극도로 애착을 품는 것이다. 자기가 원하는 삶을 사는 모습을 상상하고, 이 돈과 이런 삶이 불러일으킬 감정을 느껴보자. 돈을 벌려는 목적과 관련된 감정을 떠올리

면서 아기 원숭이처럼 거기 매달려야 한다. 《생각하는 대로As a Man
Thinketh》에서 제임스 알렌이 말한 것처럼, 대담하게 목적과 결탁한
생각은 창조적인 힘이 된다.

감정과 관련해 알아두어야 하는 유용한 사항 몇 가지가 더 있다.

• 감정은 자신의 공간을 공유하는 것을 좋아하지 않는다. 두려움
  이나 슬픔, 좌절감을 느끼는 데 신물이 났다면, 그와 반대되는 감
  정을 기르는 데 모든 역량을 집중하자. 동정심은 증오를 몰아내
  고, 흥분은 두려움을 몰아내며, 신념은 회의를 몰아낸다. 물론 그
  반대도 마찬가지다. 대학 시절 친구의 장례식에 참석해 옛 친구들
  과 나란히 앉았는데, 우리 앞에 산소 탱크를 끌고 다니는 나이가
  아주 많은 노부인이 앉았다. 친구 한 명이 우리가 앉은 줄을 쳐다
  보면서 입 모양으로 "여기는 질소네"라고 하는 바람에 웃음이 터
  져 나와 다들 참느라 혼났다. 조금 전까지 우리를 무겁게 감싸던
  슬픔이 갑자기 일시적으로 사라진 것이다. 우리는 감정을 느끼는
  존재이므로, 자신의 감정을 부정하는 것이 아니라 있는 그대로 경
  험해야 한다. 그러므로 매일 매 순간 슬프거나 화나거나 당황스러
  운 감정을 피하기만 하면서 느끼지 말라는 이야기가 아니다. 느
  껴지는 감정을 그대로 느끼고, 가끔은 울화통을 터뜨리며, 허공에
  주먹을 휘두르고, 적에게 저주를 퍼부으며, 집으로 들어가는 진입
  로에 엎드려서 울고, 본인의 감정을 최대한 표현하면서 계속 나아

가기로 하자. 부정적인 감정에 방해를 받는 것은 그 감정에 계속 젖어 있기 때문이다. 하지만 감정을 있는 그대로 느끼는 것은 건전한 일이고 그 감정을 해소하는 데도 중요하다.

• 사랑은 그 어떤 감정보다 강하기 때문에 두려움, 증오, 질투, 걱정, 불안, 짜증, 불만을 흠씬 두들겨준다. 우리가 사랑의 근육을 강화하는 데만 집중하면서 시간을 보낸다면 엄청난 변화를 목격할 것이다. 하지만 곧 부자가 될 당신은 자기 세상에 존재하는 모든 것을 사랑하는 연습을 해야 한다. 그리고 돈을 버는 목적과 깊은 사랑에 빠지면 누구도 당신을 막지 못한다.

3. 상상력을 키운다

부를 향한 길에서 도움이 되는 가장 멋진 재능은 상상력이다. 상상력이 멋진 이유는 물리적 환경이나 자신의 오감 혹은 성공하려면 입 냄새가 안 나는 것이 얼마나 중요한지 아느냐는 부모님의 잔소리에 의존하지 않기 때문이다. 자기가 현재 아는 '진리'가 아닌 상상력을 통해서만이 우리에게 주어진 무한한 가능성을 활용할 수 있다. 우리의 마음과 상상력이 키를 쥐고 있어야 무슨 일이든 가능하다.

자기 인생을 근본적으로 바꾸고 싶다면 상상력을 키우는 것이 중요하다. 왜냐하면 우리는 지금 존재하는 '현실'을 기준 삼아 꿈꾸는 삶을 묘사하라고 스스로 자신에게 요구하기 때문이다. "음, 나는 58살이고 구두 가게에서 일하면서 아내와 두 아이를 부양하고 있는

데…… 언젠가 호숫가에 꿈꾸던 호텔을 소유하고 종일 사람들에게 낚시하는 법이나 가르치면서 소일할 수 있다고 말하는 겁니까? 그런 일이 일어날 가능성은 전혀 없어요." 우리는 너무 꿈을 크게 가지는 것은 터무니없는 일이라고 여긴다. 그러니까 내 말은, 1년에 몇백만 달러씩 벌면 얼마나 좋을까 하는 이야기는 종일 떠들 수 있지만 확실한 지식을 바탕으로 그만한 돈을 버는 목표를 이루기 전까지는 멈추지 않겠다고 결심하는 것은 완전히 다른 일이라는 뜻이다. 심지어 꿈은 이루어지리라는 확신을 안고 뛰어드는 것은 둘째 치고, 그런 생각을 떠올리며 즐겁게 지내는 데도 상당한 결심이 필요하다. 어떤 일이 너무 거대해서 자기 손이 닿을 수 없는 것처럼 보인다면 자기가 목표를 이룰 수 있다는 증거가 나오기 전이라도 가능하다고 믿어야 한다. 사실 당신은 그런 일을 해낼 수 없다는 증거가 평생 나오더라도 무시해야만 한다. 자기 꿈을 축소하고 합리적인 것을 추구하는 편이 훨씬 쉽고 '현실적'인 것은 사실이다.

> 부는 모든 징후가 '그런 일은 절대 일어나지
> 않을 것이다' 쪽을 가리킬 때도 무엇이든
> 가능하다고 믿는 사람에게 찾아온다.

1년에 3만 달러 정도를 벌기 위해 피땀 흘려 일하던 시절이 있었다. 그때 이런 식으로 40년을 노력하고 실패를 거듭한 뒤에야 겨우 혼자 힘으로 금전적인 성공을 거둔다면 지금이라도 누군가의 도움을 좀 받는 것이 현명하겠다는 생각이 들었다. 그래서 처음으로 코치를 고용해야겠다는 결심을 했는데, 그가 바로 이 장에서 이야기한 코치다. 당시 나는 프리랜서로 글쓰기나 뜨개질 같은 일을 하며 동시에 여성 기업가들 모임에 나가 그들이 사업을 순조롭게 시작할 수 있도록 지도하는 일을 했다(아이러니하게도 난 다른 사람이 자기 인생을 이해하도록 도와주는 매우 뛰어난 능력이 있었다). 내가 첫 번째 코치를 만난 것도 이 기업가 모임을 통해서였는데, 그녀는 일대일 코치 비용으로 7천 달러를 청구했다. 수학을 잘하는 사람이라면 한번 직접 계산해보기 바란다. 어쨌든 내 연간 소득과 비교하면 무서울 정도로 높은 가격이었다. 또 내 차 가격보다도 두 배나 비싸고, 내가 가진 가구와 옷가지와 냉동 부리또를 모두 합친 것보다도 비쌌다. 게다가 아직 갚지 못한 학자금보다 많은 액수였다. 내 문화권에는 이런 행동을 묘사하는 말이 있다. 무책임하다. 과대망상에 빠졌네. 완전히 미쳤구나. 당시에 내가 저지른 또 다른 행동은 바로, 신용카드를 최대한도까지 써서 빚을 더 늘리고 기적적으로 새로 발급받은 카드까지 똑같은 상황으로 만들어놓은 일이었다.

자기 인생을 바꾸고 싶다면, 현실보다 터무니없는 일을 더 적극적으로 받아들여야 한다.

나에게 돈을 번다는 것은 자유와 선택권에 관한 문제였다. 빚을 갚고, 세계를 여행하고, 한 번에 두 사람 이상을 초대할 수 있는 집으로 이사하는 것이 당시 가장 큰 동기였다. 하지만 아침마다 소매를 걷어붙인 것은 지금까지와 다른 사람이 되겠다는 결심 덕분이었다. 손에 넣을 수 있는 인생에 안주하는 것이 아니라, 마음먹은 것은 무엇이든지 이뤄내는 그런 사람이 되고 싶었다. 여행이 가고 싶거나 투자하고 싶은 대상이 생기면 얼마든지 할 수 있는 상황에서 오는 자유를 느끼고 싶었다. 내 삶이 처한 여러 가지 상황에 휘둘리지 않고 그 상황을 직접 통제하고 싶었다.

자기가 현재 어떤 상황에 처하든 상관없이, 부가 아무 문제없이 흘러 들어오고, 거대한 가능성이 존재하는 그 상상의 공간에서 시간을 보내면서 꿈꾸는 삶을 만끽해보라. 성공이 무엇인지 구체적으로 느끼기 시작하면서 돈을 버는 것이 어떤 의미가 있는지 깨달을 수 있다. 그리고 자기가 원하는 삶을 상상하고 믿음과 신념, 단호한 목적의식이 발달하기 시작한다. 이런 감정은 당신의 꿈을 구체적인 형태로 이루고 필요한 일을 하는 데 중요하다.

자신의 인생을 변화시킬 때 두렵지 않다면
무언가 잘못하고 있는 것이다.

나는 어떻게든 이 코치에게 지도받고 싶다는 결심을 하고, 어떻게든 인생을 변화시켜서 더는 이 무너질 듯한 '현실'의 희생양이 되지 않겠다는 욕구를 느꼈다. 그 덕에 7천 달러가 없다는 생각이 어떻게든 그 돈을 구하겠다는 생각으로 바뀌었다. 나는 결심과 욕구 그리고 그녀가 내 삶이 변화하도록 도와줄 것이라는 믿음에 집중했다. 코치는 여성이 돈을 벌도록 도와줄 뿐만 아니라 자기 말을 몸소 실천에 옮겼다. 당시 코치는 사업을 통해 수십만 달러의 수입을 올리고 있었다. 하지만 예전에는 돈이 하나도 없어서 전기가 끊어지기도 하고 신용카드 잔액이 부족해 피자 배달원을 그냥 돌려보내야 했던 적도 있었다. 이런 상황을 다 겪어본 경험이 있는 것이다.

그녀가 청구한 액수나 내 빚, 혹은 지금과 같은 상황에서 벗어나지 못하면 조만간 어머니 집에 들어가서 살아야 할지도 모른다는 절박한 가능성보다 훨씬 중요한 것은 내 마음가짐이었다. 당시 나는 이렇게 무일푼 상태로 살면서 덫에 빠진 듯한 기분을 느끼는 데 질릴 대로 질린 상태였다. 그리고 단 한 번뿐인 인생에서 이보다 훨씬 많은 일을 하면서 돈 버는 방법을 배우거나 실제로 돈을 벌 기회를 얻고, 부자가 되기 위해 필요한 일을 할 수 있다는 것을 알았다. 그래서 날 도와줄 수 있겠다는 느낌이 드는 코치를 만났을 때, 수강료와 은행 계좌를 보면서 얼른 7천 달러를 지불할 돈을 마련하라고 스스로 나를 재촉했다.

이것은 우리 모두에게 중요한 순간이다. 당신 눈앞에 있는 기회를 잘 활용해야 하는 순간 말이다. '난 빈털터리야, 은행 계좌만 봐도 알 수 있다고' 같은 주파수가 낮은 생각을 고수할 것인가? 그렇다면 그것으로 끝이다. 아니면 자신의 지평을 넓히고 주파수를 높여서, '지금의 금전 상황은 일시적인 거야. 내 본질과는 관련이 없고 그냥 지금 처한 상황이 그런 것뿐이야. 돈은 주위에 얼마든지 있으니까 꼭 이 일을 이루고야 말 거야'라고 생각할 방법을 찾겠는가.

자기가 감당할 수 있는 일과 없는 일은
모두 자기 마음에 달렸다.

당신에게 24시간 안에 2천 달러를 마련하라고 했을 때 마음가짐이 올바른 위치에 있지 않다면 몇 시간 동안 노력해보다가 금세 난 너무 멍청해서, 게을러서, 바빠서 못 해, 할 수 있는 방법은 다 동원했지만 효과가 없었어, 내가 할 수 있는 일이 없어 같은 생각에 굴복해버릴지도 모른다. 하지만 내가 당신을 뒤쫓아 가면서 동전이 가득 든 양말을 머리 위로 휘두르며 얼른 수입을 늘리지 않으면 이것으로 때려주겠다고 협박한다면, 반드시 그래야겠다는 결단을 내리기도 전에 지금껏 보지 못한 가능성(대출을 받거나, 차를 팔거나 등)에 마음을 열 것이다. 뜻이 있는 곳에 길이 있게 마련이다. 스스로 책임지거나 성장을 위해 불편한 일을 감수할 필요가 없도록, 마치 방법이 전혀 없는 척 행동하는 것을 좋아할 뿐이다.

부자가 되는 데 가장 중요한 비결은 훌륭한 계획이나 노력 그리고 탄탄한 인맥이나 놀라운 타이밍이 아니라 생각과 감정이다. 우리의 생각과 감정은 행동을 촉진할 뿐만 아니라 창조를 위한 재료를 모두 공급한다.

믿음, 명료성, 집중력, 절박함, 단호한 행동, 그리고 끈기 등 이런 것들을 모두 갖추고 하나로 합친다면 못할 일이 없다.

4. 두려움에 맞서 결단을 내린다

코칭 프로그램에 등록하고 두어 달쯤 뒤에 온라인 사업을 설립했다. 정말 기쁘게도 거의 시작하자마자 돈을 벌어들였다. 이 사업 방향은 나와 잘 맞았다. 나는 비록 빈털터리이긴 해도 성공한 프리랜서 작가였고, 여성 기업가를 대상으로 업무 코치를 한 덕분에 여성 기업가 전국 네트워크를 활용할 수 있었다. 또한 인터넷이나 컴퓨터 관련 문제를 직접 처리할 수 있을 만큼 기술에 능했고, 내 일을 잘하고자 하는 열망도 있었다.

가장 두려웠던 점은 온라인상에서 물건을 팔려고 사람들을 괴롭히는 저급한 판매원처럼 되지는 않을까 하는 점이었다. 그러자 아주 똑똑한 온라인 마케팅 전문가들이 사업 방식을 수없이 테스트해주었다. 내가 곧바로 돈을 벌 수 있었던 것은 전부 그들의 현명한 인도를 따라갔기 때문이었다. 그런데 인터넷에는 누구나 볼 수 있는 온갖 소름 끼치는 것들이 게시된 것도 알지만…… 왜 하필 전문가답게 비즈니스 캐주얼을 차려입은 내 사진을 커다랗게 새겨 넣은 영업용 배너를 사용해야 할까? 나는 코치에게 제발 이것 외에도 다른 방법이 있을 테니, 배너를 내려달라고 간청했다. 하지만 코치는 나를 빤히 바라보면서 이렇게 물었다.

"빈털터리지만 멋지게 살고 싶어요, 아니면 저급해도 부유하게 살고 싶어요?"

자신의 안전지대에 갇힌 동안에는
절대 새로운 땅을 경험할 수 없다.

사업을 시작하고 처음 몇 년 동안은 이중생활을 했다. 친구들과 동료 음악가들이 (몇 년 동안 록 밴드 활동도 했다) 우연히 그 바보 같은 온라인 마케팅 자료를 볼까 봐 두려웠다. 또 나에게 출간 기획서 작성을 맡긴 신규 고객이 밴드 공연에서 털 비키니를 입고 마음껏 즐기는 내 사진을 발견하고는 돈을 돌려달라고 요구할까 봐 걱정스럽기도 했다.

몇 년 동안 이런 심각한 정체성 위기를 겪으며 살았지만, 돈을 벌겠다는 결심이 감내해야 했던 불편보다 더 중요했다. 싸구려처럼 보일 필요가 있다면 그렇게 했다. 기술 인력을 고용하기 위해 더 많은 돈을 지출해야 하는 경우에도 그렇게 했다. 인맥을 쌓기 위한 행사에 수없이 참석해서 계속 명함을 나눠주어야만 했을 때도 그렇게 했다.

얼마나 단호하게 결심했느냐에 따라 결과가 달라진다.

부자가 되겠다고 결심한다는 것은 그 결심을 무엇보다 우선시함을 의미한다(물론 돈을 위해 불법적이거나 부도덕하거나 역겨운 짓을 하는 것은 제외하고). 그리고 당신은 돈을 벌기 위한 새로운 사고방식을 키워야 할 뿐만 아니라 전에는 한 번도 접해보지 못한 돈에 관한 무의식적인 믿음과 싸우는 중이기 때문에 자신에게 냉혹해져야 한다. 아주 작은 틈만 생겨도 예전의 상태가 이 기회를 놓치지 않고 다시 경로를 이탈하게 하는데, 이 과정이 너무나 신속하게 진행되기에 당신에게 무슨 일이 일어났는지도 모를 정도다. 따라서 다음과 같은 행동은 절대 하지 말아야 한다.

- 부자가 되기 위해 필요한 모든 일에 집중하는 자신을 이상하게 여기는 것.
- 시작하기 전에 모든 것을 완벽하게 갖추려는 것. 완벽주의와 꾸물거리면서 일을 미루는 것은 종이 한 장 차이다. 웹사이트를 개설하고 명함을 만들고 프로필 사진을 찍는 등 돈을 버는 데 필요한 채비를 일단 갖추고, 세부적인 사항은 나중에 조정하자.
- 정신을 산만하게 하는 것을 하나도 빠짐없이 제거하려고 애쓰는 것. 집중을 방해하는 것은 원치 않는 털과도 같다. 하나를 없애고 나면 어디 다른 곳에서 새로운 털이 솟아난다. 무언가를 제거하는

것은 가장 쉽게 처리할 수 있는 일이니만큼, 남은 것이 있다 하더라도 거기 연연하지 말고 돈 버는 일에만 집중하는 법을 배우자. 관심을 딴 데 쏟느라 일이 늦어지는 것에 변명이나 이유는 절대 부족한 법이 없다. 결심을 굳게 유지하면서 계속 집중하자.

• 시간이 너무 없다거나 주변 사람 중 아무도 안 도와준다거나 이미 일주일에 40시간이나 일하는데 여기서 무엇을 더하라는 것이냐며 징징대는 것.

자기 삶의 모든 것은 생각과 신념, 집중력, 행동으로 만들어진다는 사실과 자기 자신에게는 마음가짐을 바꾸고 새로운 것을 만들어낼 힘이 있다는 점을 인정하자. 피해자인 척하지 말고, 본인의 사고방식을 부지런히 갈고 닦아야 한다.

• 앞으로 나아가기 전에 실패할까 두려워 주저하는 것. 다음 단계로 넘어갈 때는 올바르다고 생각하는 쪽으로 나아가는 연습을 하자. 경험보다 더 좋은 선생은 없다. 설령 실패하더라도 대성공을 거두었을 때와 마찬가지로 필요한 답을 모두 얻을 것이다.

• 자기보다 별로 낫지 않은 사람에게 조언을 구하는 것. 우리는 새로운 금전적 현실을 얻기 위해 분투할 때 옛 친구나 친숙한 사람을 개입시키고 싶어 하는 경향이 있다. 하지만 진정으로 성장하고 싶다면 마음 편한 사람이 아니라 당신이 무언가를 배울 수 있는 사람, 자기가 무엇을 하는지 잘 아는 사람과 어울려야 한다. 당신이 가고자 하는 목적지 근처에도 가본 적이 없는 사람에게

조언을 구하는 것은 지금 있는 그 자리에 계속 머물 수 있는 가장 좋은 방법이다.

포기하지 않고 계속 전진하다가 실제 결과물이 보이기 시작하면, 잠재의식을 비롯한 모든 것이 변하기 시작할 것이다.

돈에 확고부동한 믿음만 있다면
어떤 일을 이룰 수 있는지 보여준 52살 캐서린

난 언제나 돈을 잘 벌었다. 그래서 내가 돈 버는 데 재능이 있다고 믿었다. 그것은 자기충족적 예언이기도 했다. 심지어 노력하지 않아도 돈을 벌 수 있었다. 처음에는 금융 서비스 회사의 말단 직원으로 시작해서 1년에 1만 5천 달러 정도를 벌었다. 돈을 별로 쓰지 않았기에 그것만으로도 충분했지만 열심히 일해서 빠르게 승진했다. 결국 부사장이 되어 50만 달러가 넘는 연봉을 받았다. 돈을 많이 벌기 시작하면서부터 봉급이 인상될 때마다 그 절반을 우리 회사가 운영하는 계좌에 넣었더니 40살에 매우 편안하게 은퇴할 수 있었다.

은퇴한 뒤에 취미로 원예를 시작했는데, 그것이 곧 소득을 창출하는 사업이 되었다. 나는 그럴 의도가 없었는데, 원예 사업이 혼자 알아서 발전한 것 같았다. 나한테는 돈을 버는 것이 자연스럽고 쉬운 일이다. 사방에서 기회를 찾을 수 있고, 어디든 뛰어드는 것을 두려워하지 않는다.

자기가 돈을 벌 수 있고 그럴 만한 가치가 있는 사람이라고 믿는 것이 가장 중요하다. 나도 언제나 그렇게 믿었기에 그 문제에 대해서는 전혀 고민한 적이 없다.

언제나 내가 과연 잘할 수 있을지 확신이 가지 않는 일에 지원한 뒤 얼마나 잘할 수 있는지 보려고 열심히 노력했다. 실제로 현실이 되기 전까지는 그런 척이라도 해야 한다. 자기가 하는 일이 무엇인지 잘 아는 것처럼 행동하고, 실제로 그렇게 될 때까지 최선을 다하는 것이다.

자기가 돈을 벌 수 있다고 믿으면 그렇게 될 것이고, 만약 그렇지 않더라도 노력하면 된다. 그리고 자신을 금전적인 자유를 누릴 가치가 있는 사람이라고 믿어야 한다. 좋아하는 일을 한 뒤에 해야 하는 일은 자기 본연의 모습으로 성공을 거두는 것이다. 자기가 좋아하는 것을 팔면 제품이나 서비스가 아닌 애정을 판매하는 셈이므로 남다른 성과를 거둘 수 있다.

CHAPTER 07

시궁창 같은
현실의 피해자처럼
굴지 마라

당신이 열심히 노력만 하면 사는 동안 부와 재물을 얻을 수 있다고 상상해보자. 돈, 꿈꾸던 집, 번창하는 새 사업, 주택 융자금 납부 등 원하는 것은 무엇이든지 말이다. 이런 상황이라면 당신은 어떤 모습을 보이겠는가? 계속 머릿속을 괴롭히던 의심과 걱정이 사라져 더는 정신이 산만하지 않다면?

아마 좀 더 느긋해지고 신이 나서 자기 일을 더 즐기며, 더 긍정적이고 감사하는 마음을 품을 것이다. 필요한 경우 자기 사업에 막대한 돈을 투자하며, 겁나지만 흥미로운 새로운 기회에 뛰어들고, 실수해도 재빨리 회복하며, 말에 힘이 생기고, 태도가 더욱 세련되어진다. 한마디로, 앞으로 생길 일을 기대하며 행복할 것이다.

내가 방금 묘사한 사람은 지금까지 이 책에서 이야기한 장점을 전부 갖춘 부유한 사람의 마음가짐이 있다. 그러니까 자기 자신에 대한 믿음이 확고한 사람의 사고방식을 설명한 것이다.

당신의 운은 믿음 안에 깃들어 있다.

금방이라도 거덜 날 듯한 삶을 돈이 쏟아지는 삶으로 바꾸려면 신념이 필요하다. 신념이란 눈에 보이지 않고, 증명되지 않으며, 새롭고 놀라운 현실이 우리 손안에 있다고 과감하게 믿는 우리의 일부분이기 때문이다. 신념, 즉 기적에 대한 믿음이 없다면 새롭고 위대한 무언가를 창조하려고 애쓰는 것이 다 무슨 소용이겠는가? 그것은 자기 주변을 한번 둘러보고는 '됐어, 이보다 더 좋을 수는 없을 것 같아. 이 정도면 됐지 뭐!'라고 생각하는 것과 같다.

신념은 가장 가망 없어 보이는 꿈을 이루기 위해 미지의 땅으로 들어가고자 당신이 타고 가는 로켓이다. 그리고 거기까지 가는 과정에서 당신을 이탈시키려고 애쓰는 온갖 방해물을 헤쳐나가야 하므로 로켓은 아주 튼튼하고 견고해야 한다. 당신이 만들겠다고 결심한 인생은 로켓이 부서지지 않아야 이룰 수 있다. 돈에 대한 자신의 정신 나간 생각에 맞서야 할 뿐만 아니라, 본인의 형편없는 두려움과 의심과 걱정을 야생 원숭이처럼 당신에게 던져대는 사람도 틀림없이 있을 것이다. 따라서 당신의 신념은 강렬한 불처럼 타올라야지 나태하게 늘어져서는 안 된다. 자기가 진심으로 바라는 것은 전부 손에 넣을 수 있고, 또 그것을 실현하기 위한 도구와 힘도 모두 지니고 있다고 믿어야 한다. 신념이 있으면 부자가 되는 데 왜 도움이 되는지 살펴보자.

- 신념은 우리가 알고 있는 '방법'을 내버릴 수 있게 해준다. 당신은 자신이 아는 방법에 따라서, 할 수 있는 일을 하고 될 수 있는 존재가 되었다. 그러면서 지금과 같은 삶을 만들어냈다. 부자가 되겠다고 진지하게 결심했을 때, 아무리 열심히 찾아보아도 새로운 방식으로 돈을 벌 방법이나 기회가 보이지 않을 수도 있다. 이것은 자기가 생각하는 형태의 방법에만 집중하느라 바로 눈앞에 있는 지금껏 '생각해보지 못한 방법'을 보지 못하기 때문이다. 신념은 당신의 관심 초점을 과거의 낡은 방식에서 다른 데로 돌리고, 새로운 현실을 만들어내는 새로운 기회와 방법에 마음을 열게 해준다.

돈 때문에 고생하던 프리랜서 작가 시절에, 옷을 차려입고 나가 다른 사람들과 협력하는 일을 구하기로 결심했다. 그러나 그것이 어떤 일이고 그 일을 어떻게 찾아야 할지 아는 방법이 전혀 없었다. 아는 것이라고는 돈을 더 벌고, 다른 사람을 돕고, 아침마다 머리를 빗을 이유가 생겨야 한다고 진지하게 생각하는 것뿐이었다.

어느 날 친구에게 여성을 돕는 한 싱크탱크가 자체적인 사업을 시작했으며 모임을 연다는 이야기를 들었다. 예전의 나 같으면, 이 기회를 그냥 흘려보냈을 것이다. 사업에 대한 아이디어라고는 하나도 없는 내가 돈까지 내가면서 매주 그냥 앉아 있기만 하면 얼뜨기처럼 보이니까. 그런데 당시 내 처지를 고려할 때 상당한 비용이 소요되고 또 그 모임으로 어떻게 돈을 벌 수 있을지 전혀 몰랐는데도 아주 괜찮은 기회라는 느낌이 들었다. 나는 어떻게든 금전적인 상황을 바꾸려고 필사적이었다. 그리고 이 기회에 집에서 벗어나 돈을 투자하는 사람들과 어울릴 수도 있었기에 결국 돈을 내고 참가하기로 했다.

강의실에 앉아 다른 여자들이 사업에 대해 브레인스토밍 하는 것을 들으면서도 내가 어떤 사업을 할 것인가에 대한 아이디어는 전혀 없었다. 하지만 그 사람들이 자기 사업을 어떻게 꾸려나가야 할지 이해하도록 도와준다면 아주 멋질 것이라는 생각이 들었다. 긴 이야기를 간단히 줄이자면, 그룹 토론을 진행하는 여성에게 혹시 진행하는 데 도움이 필요하지 않느냐고 물었고 곧 그녀가 날 채용했다. 그렇게 해서 처음으로 코칭 분야에 진출했고, 덕분에 코칭 사업을 시작할 수 있었다. 이를 통해 많은 돈을 벌고, 결국 여기에 앉아 책까지 쓰게 되었다.

만약 믿음을 품는 대신 얼간이처럼 보일지도 모른다는 두려움과 그 모임이 어떻게 날 부자로 만들어줄지 모르겠다는 의구심에만 집중했다면, 부자가 되는 방법이 아니라 '파산 선고를 위한 10가지 간단한 팁'에 관한 책을 냈을 것이다.

당신은 자기가 하는 일을 지금과 같은 방식대로 하고, 기존의 변명과 한계에 사로잡혀 늘 똑같은 일만 반복하면서 현재와 같은 금전적 현실을 만들어냈다. 새로운 현실을 만드는 문제를 진지하게 고려한다면, 지금과 다른 일을 하고 다른 생각을 해야 한다. 믿음은 일이 '어떻게' 되어갈지 알아야만 한다는 강박관념을 없애준다. 또한 어떻게든 길이 보일 것이라고 믿게 해준다.

- 신념은 주파수를 높여준다. 잘못되면 어떡하지 또는 어떻게 해야 하지 걱정하면서 손톱만 물어뜯을 것이 아니라 지금 부가 자신을 향해 다가오고 있다고 믿어야 한다. 그렇다면 자신의 감정적 상태가 의심과 두려움에서 들뜬 기대로 바뀐다. 이런 변화가 주파수를 높이고 마음을 열어주며 지금까지 보지 못한 사람과 기회를 알려준다. 이렇게 주파수가 올라가면 새로운 미지의 기회가 생겼을 때 비명을 지르며 도망가는 것이 아니라 과감하게 뛰어들 용기가 생긴다. 그 기회가 아무리 무섭거나 돈이 많이 들거나 농담처럼 느껴져도 말이다.
- 신념은 변화를 형성하도록 도와준다. 새롭고 부유한 자신이 되려면 현재의 낡은 정체성을 포기해야 한다.
- 신념은 자기가 손에 넣어야 할 것에 집중하고 그것을 믿도록 도와준다.
- 신념은 자신감을 높여준다. 현실의 가장자리에서 허공으로 뛰어내릴 수 있을 만큼 대담하다면, 당신이 못할 일이 무엇이 있겠는

가? 못 할 일 같은 것은 없다.

- 신념은 풍부한 사고방식을 북돋아 준다. 미지의 대상과 기적에 대한 믿음으로 자기에게 부족한 부분에만 집중하는 태도가 사라지고 무한한 가능성을 향해 곧장 나아가게 된다.

신념을 스탠드업 코미디의 맥락에서 한번 바라보자. 스탠드업 코미디로 자신을 낭떠러지 끝까지 몰아넣는 투지를 훌륭하게 비유할 수 있기 때문이다. 관중에게 농담을 던졌는데 반응이 전혀 없는 경우, 어디 숨을 데도 없는 무대 위에서 사람들의 시선을 한 몸에 받으며 실패를 곱씹어야 한다. 이런 경우에는 관객에게 무방비로 노출된 채 그대로 밀고 나가서 악몽을 끝내는 편이 낫다. 하지만 농담이 성공적으로 먹히면 모두에게 찬탄의 눈길을 받을 수 있고, 그 모든 웃음과 영광이 당신의 것이다. 황홀하면서도 두려운 경험, 성공 아니면 실패, 이 모든 것이 당신에게 달렸다.

자신의 금전적 상황을 변화시키기 위해 대박을 꿈꾸면서 두려운 도약을 시도할 때는 눈부신 조명 너머에 무엇이 있는지 전혀 모르는 상태로 무대에 오르는 것이나 마찬가지다. 그래서 우주에서 자유 낙하를 하는 기분이 들기도 한다. 하지만 좋은 소식이 하나 있다. 그 시도가 성공하면 그때부터는 파티의 시작이다. 혹시 실패하더라도 이제 무엇이 효과가 없는지 알았으니 다시 시도할 때는 더 많은 정보를 바탕으로 임할 수 있다. 믿음의 도약은 윈윈전략이다. 남은 평생 자신의 안전지대 안에서 선헤엄이나 치는 것은 지루하고 재미없는 일이다.

신념은 사고방식의 다른 측면처럼 일종의 근육과 같다. 많이 사용하면 할수록 더 강해진다. 도약의 범위가 넓을수록 믿음의 근육이 강해야만 한다. 상황이 정말 안 좋을 때도 꾸준히 집중하면서 자신의 신념을 굳건히 지키면, 누가 성공하고 실패할 것인지 그 차이가 드러난다. 대개 불확실성이나 기다림, 압박감, 실망감을 이제 한순간도 더 못 견디겠다고 생각한 직후에 해결사가 문으로 들어선다.

나는 당신이 성장해서 가장 근사한 모습으로 눈부시게 꽃피기를 바란다. 성장은 마찰과 도전을 통해 이루어지고, 우리는 이런 경험을 통해 교훈을 얻는다.

특히 힘겨운 교훈을 얻고 성장 경험을 하는 동안에는 마치 자기 목숨이 거기에 달리기라도 한 것처럼 버텨야 한다. 정말 힘든 상황일 때는 자기에게 남은 것이 신념밖에 없는 지경까지 이르는 경우도 많다. 이때는 마치 하늘을 날거나 서핑을 하는 상황과도 같다. 자신의 믿음에 집중하면서 그냥 몸을 맡겨야 한다. 그렇지 않으면 놀라서 질겁하다가 추락하는 길밖에 없기 때문이다.

위험을 감수하는 사람에게 좋은 결과가 찾아온다.

최근에 한 제작사가 내 책의 판권을 사겠다고 제안했다. 좋은 제안이었지만, 우리는 중요한 수익 배분율을 놓고 흥정을 벌이면서 서로 조금도 양보하지 않았다. 나는 더 많이 원했고 상대방은 적게 주고 싶어 했기 때문이었다. 계약서의 다른 부분을 아무리 바꾸고 조정해도 이 부분만큼은 타협하지 못했다.

나는 그 사람들이 마음에 들었고, 내 글과 유머 감각도 제대로 이해한다고 느꼈기에 가능하면 함께 일하고 싶었다. 상대방이 "이게 저희의 최종 제안입니다"라는 무서운 말을 꺼냈지만 빌어먹을 배분율은 여전히 올라가지 않은 상태였다. 그렇기에 나는 결국 그들의 제안을 거절했다. 사실 거절하고 싶지 않았고 비슷한 제안을 한 다른 제작사와 함께 일하고 싶은 마음도 들지 않았다. 그럼에도 제시하는 비율이 너무 낮아 그 제안을 받아들인다면 후회하리라는 것을 알았다. 그러니 "나 지금 무슨 짓을 한 거야. 누군가가 내 책을 가지고 TV 프로그램을 만들 기회를 거절하다니"라며 질겁하는 것이 아니라 그보다 더 좋은 제안이 바로 가까이 와 있고 내 결심은 확고하다는 생각을 가져야 했다.

솔직히 말해서 내 신념에 의식적으로 집중하는 것은 힘든 일이지만 어쨌든 해냈다. 내가 바라는 거래가 곧 모습을 드러내리라고 계속 생각하면서 이 협상이 진행되는 모습을 상상하고, 느끼고, 감사하게 여겼다. 그러자 다음 주에 그들이 다시 찾아와서 내가 요구한 배분율을 제시했다. 오래도록 함께한 신념이 없었다면 제안을 거절하거나, 끝까지 버티다가 이런 멋진 결말을 맞이할 힘을 내지 못했을 것이다.

이 장 마지막 부분에서는 믿음의 근육을 아주 탄탄하게 단련할 수 있는 방법을 몇 가지 알려줄 생각이다. 하지만 지금은 감사에 대해 잠시 이야기하고 싶다. 당신이 강화하려는 것이 신념이든 믿음이든 주파수든 생각이든 간에 감사는 위대함으로 향하는 길목에서 모든 요구를 충족하는 힘이다.

부는 감사하는 사람에게 고마움을 표한다.

감사는 당신이 여러 상황에서 접하는 에너지를 높일 수 있게 해준다. 힘겨운 상황에 맞닥뜨렸을 때 화를 내거나 포기하거나 풀이 죽는 것이 아니라 거기에서 얻은 교훈에 고마워한다면, 진절머리 나는 낡은 습관을 반복하는 대신 주파수를 높이고 새 경험에 마음을 열 수 있다. 분노는 더 많은 분노를 불러온다. 새로운 것을 거부하면 계속 같은 곳에만 갇혀 지낼 수밖에 없다. 하지만 감사는 비천함의 고리에서 벗어나 새로운 가능성에 마음을 열고 자유로워질 수 있게 해준다.

실업자인 당신이 면접을 보려고 차를 몰고 가다가 사고가 발생했다고 가정해보자. 이제 면접 기회를 잃었으니 잠재적인 수입도 사라졌고 새 차를 사려면 빚도 더 많이 져야 한다. 나는 이런 상황에 처했을 때 모든 것을 저주하면서 타이어를 발로 걷어차고 눈물을 흘리면서 분노와 좌절감을 터뜨리는 데 대찬성이다. 자신의 감정을 부정하거나 억누르지 말고 자신의 삶을 강렬하게 인지해야 한다. 이 상황에서 대체 무슨 교훈을 얻는 것인지 모르겠더라도, 일단 실컷 울화를 터뜨렸으면 그다음에는 벌어진 일에 감사해야 한다. 당신은 한순간에 고속도로 갓길에서 오도 가도 못 하는 상황이 되어 깨진 유리와 도로 표지판 조각에 둘러싸였는데, 이 상황이 자기 인생에서 어떤 작용을 할지 전혀 모른다. 나중에서야 이 사고가 난 덕분에 마음에 안 드는 직장에 들어가는 것을 피하고 지금 다니는 좋은 직장에 입사하게 되었다는 것을 깨달을 수도 있다. 아니면 마침내 정신을 차리고 부자가 되기 위해 무슨 일이든 다 해보겠다고 결심할 수도 있다. 차가 완전히 부서지면서 자신의 돈 문제를 직시하고 인생을 변화시키기 위해 끝까지 해보겠다는 마음을 먹었기 때문이다. 당신은 자기가 처한 상황의 희생자가 될 수도 있다. 하지만 그것을 어떤 식으로 인식할지는 스스로 책임져야 한다.

희생자 관점에서는 밝은 앞날을 볼 수 없다.

이 세상이 당신의 성장에 필요한 모든 것을 만들었다고 믿으며 감사하자. 무슨 일이 생기더라도 말이다. 자기가 의지하는 것에 감사하는 연습을 하고, 언제나 감사할 수 있는 자기 주변의 수만 가지 일을 알아차리고, 자기에게 일어나는 모든 일에 감사하며 기대감을 품자. 좋은 일, 나쁜 일, 추한 일, 새로 산 흰 셔츠에 생긴 소스 얼룩도 감사해야 할 대상이다.

주위에 관심만 기울인다면
감사할 대상이 부족할 일은 절대 없다.

수입이 적어서 불만스럽고 속상하다면 실제로 시간을 내서 감사하는 마음을 품는 것이 중요하다. 특히 자기가 모든 일을 제대로 하고 있다고 느낄 때는 더욱 그렇다. 본인의 구체적인 목표에 대해서 잘 알고, 부지런히 움직이며, 큰 위험도 감수하며, 겁나는 영업 전화도 걸고, 웹사이트 제작을 도와준 사람에게 아껴둔 돈도 지급했는데도 돈이 들어오지 않는다면 말이다. 대체 왜 이러는 것일까? 다른 것은 다 잘했지만 감사하는 마음을 제대로 표현하지 못했다면? 이 빌어먹을 돈이 이미 들어왔어야 마땅하다는 필사적인 태도 때문에 돈을 밀어냈을 가능성이 크다. 절망감은 돈을 쫓아버리고, 감사의 마음은 돈을 끌어들인다. 돈이 없다는 절망감에 빠질 때는 돈을 어떻게든 손에 넣어야 한다는 걱정에 사로잡힌다. 그래서 돈이 이미 이곳에 존재한다는 사실을 알지 못한다. 돈은 통화고 통화는 에너지라는 사실을 기억하자. 감사 모드로 전환해서 자기가 지금 가진 것 또는 자기를 향해 다가오는 것에 감사하는 데 집중해보자. 지금 당장은 눈에 보이는 돈이 없더라도 조만간 돈이 생길 것이라는 믿음이 강해진다. 그리고 이 믿음이 효과적으로 움직이면서 감사를 느끼는 대상과 기회가 나타나기 시작할 것이다.

친구 중에 인테리어 디자이너가 있다. 이 친구는 매해 초마다 자기가 돈을 얼마나 벌고 싶고 그 돈으로 무엇을 할 것인지 정하고는 그 계획에 잔뜩 흥분해서 차를 몰고 온 동네를 돌아다닌다. 그리고 동네에 있는 집들을 바라보면서 그 하나하나가 자기 꿈을 실현할 기회라고 여긴다. 물론 그 집들을 전부 친구가 직접 인테리어 하지는 않는다. 세상에는 자신의 서비스를 이용할 사람과 인테리어를 할 집이 무수히 많다는 믿음을 고정하기 위해 이런 훈련 방법을 쓰는 것이다. 친구는 깊은 감사의 마음을 품으며, 원하는 것을 모두 얻고 해마다 목표를 달성한다. 이런 동네 투어는 앞으로 나타날 모든 고객에게 미리 감사하는 일이다.

비행기를 탔다고 생각해보자. 비행기가 이륙하자 비가 내리기 시작했다. 창밖으로 회색 하늘이 보이고 아래에 있는 작은 집들은 비 때문에 점점 부옇게 흐려졌다. 고도가 높아져서 검은 구름으로 들어가니 온통 까맣고 무서웠다. 그러다가 짜잔! 갑자기 구름에서 빠져나와 파란 하늘과 솜털 같은 구름과 햇살이 드러났다. 햇살과 솜털 구름은 계속 그곳에 있었는데 당신의 관점에서는 보이지가 않았던 것이다.

현재 당신이 처한 상황이 아무리 이상하고 절망적이더라도 상관없다. 왜냐하면 그것은 이 순간 당신이 겪는 현실일 뿐 진실이 아니기 때문이다. 저 밖에는 지금과 완전히 다른 눈부시게 빛나는 현실이 당신을 기다린다. 당신이 해야 할 일은 두려움과 의심, 걱정의 폭풍 구름을 뚫고 나가기로 하는 것뿐이다. 그리고 아직 눈에 보이지는 않지만 저기에 태양이 있다는 믿음으로 계속 기대감을 품으며 난기류를 뚫고 반대편에 도착할 때까지 끝까지 버텨야 한다.

CHAPTER 08

발버둥 치는 게
나쁜 건
아니잖아

나는 〈터칭 더 보이드〉라는 영화를 정말 좋아한다. 인간이 한 번도 정상까지 오르지 못한, 눈과 바람과 얼음으로 뒤덮인 거대한 산을 오르는 두 남자의 이야기를 담은 영화다. 하지만 그들은 과감하게 도전했고 마침내 정상에 오르는 데 성공하자 "우와, 우리가 해냈어, 여기서 우리 집도 보일 거 같아"라며 좋아한다. 그리고 하산하는 길에……눈보라를 만난다.

비행기가 추락한 뒤 식량이 없어서 얼어 죽은 사람을 먹거나 바위에 팔이 짓눌려서 협곡에 갇히자 자기 팔을 직접 자르는 등 극한의 상황에서 살아남으려고 애쓰는 이런 영화를 많이 보았다. 그런 영화 중에서도 〈터칭 더 보이드〉는 단연 최고다. 왜냐하면 그중 한 남자에게 벌어진 상황이 이보다 더 나쁠 수는 없으리라 생각한 순간 일어난 일이 너무 끔찍한 탓에 영화를 보는 내내 "세상에!"라고 큰소리로 비명을 지르게 되기 때문이다.

당신도 꼭 이 영화를 봤으면 하기에 자세한 내용까지 다 말하지는 않을 테지만, 그래도 영화 마지막 부분에 대해서는 이야기하려 한다. 이 남자는 엄청난 고난을 연달아 겪으면서도 살아서 그곳을 빠져나가겠다는 마음 하나로 끝까지 버텨냈다. 끝없이 펼쳐진 빙하를 가로질러야 했으며, 그 과정에서 언제든지 발밑의 얼음이 갈라져서 거대한 크레바스로 굴러떨어질 수 있었다. 그리고 빙하를 벗어나자 이번에는 말도 안 되게 뾰족한 돌로 뒤덮인 지형을 지나야만 했다. 그는 이 모든 과정을 부러진 한쪽 다리, 동상과 일광 화상을 입어 페퍼로니 피자처럼 보이는 얼굴, 동상에 걸린 손가락과 발가락에 식량도 물도 선글라스도 없이(그래서 설맹 증상을 겪으며) 자기 배설물에 뒤덮인 채로 해낸다. 게다가 머릿속에서는 정말 마음에 안 드는 노래가 계속 맴돌기까지 했다.

그는 쇄빙 도끼를 목발 대용으로 사용하려고 했지만 별로 효과가 없었기에 발걸음을 내디딜 때마다 계속 미끄러지고 넘어졌다. 그래서 심하게 다친 다리를 바위에 부딪칠 때마다 고통에 울부짖으며 고함을 질렀다. 하지만 그래도 절대 포기하지 않았다. 깡충 뛰고 넘어지고 비명을 지르면서도 베이스캠프를 향해 계속 나아갔다. 사실 그가 겨우 베이스캠프에 도착할 무렵에는 그곳이 비었을 가능성도 있었다. 팀원 모두 그가 죽었다고 생각하고 짐을 꾸려서 떠났을 수도 있는 상황이었다. 이런 고통스러운 여정이 900년쯤 계속될 것처럼 보이는데……. '여기서 잠깐만, 이 여자가 지금 내가 돈을 벌기 위한 여정이 이렇게 힘들 거라고 이야기하는 거야'라는 생각이 든다면 잘 듣기 바란다. 당신이 얼음 땅처럼 황량한 텅 빈 은행 계좌에서 탈출하도록 도와줄 좋은 정보가 많기 때문이다.

이 등반가의 행동에서 가장 중요한 것은 어떻게든 살아남겠다고 결심한 것이다. 이것은 너무나도 단순한 본능적 의지처럼 여길 수도 있겠지만, 당신은 살겠다고 다짐해본 적이 있는가? 그러니까 자기가 좋아하는 방식대로 살겠다고 결심한 적이 있느냐는 이야기다. 더없이 부유한 삶을 살기에 충분할 만큼 부자가 되고 싶다고 진지하게 생각한다면, 머릿속에 기분 나쁜 노래가 맴도는 상황에서도 생명을 위협하는 무시무시한 역경에 맞선 남자와 같은 *끈기*와 강인함으로 결심을 다져야 한다. 별로 진지하지 못한 가벼운 결심의 경우, 일이 잘못되거나 힘들어지거나 많은 시간과 돈이 들어가면 곧바로 좋아하는 변명거리를 내민다. 또 왜 여기서 중단하는 것이 현명한지 설득력 있는 독백을 늘어놓거나, 선택 가능한 방법의 무게를 잰다.

"그냥 다 포기하고 여기 누울래, 두어 시간만 지나면 꽁꽁 얼어붙을 거야, 그러면 아무 감각도 느끼지 못할 테고 별이나 바라보다가 서서히 죽어가면 새들이 내 갈기갈기 찢긴 다리를 쪼아 먹기 시작하겠지."

진지한 결단을 바란다면, 당신은 자기 자신을 철저히 감시하면서 당장 필요한 일을 하고, 두려움과 무의식적인 거부를 밀어내고, 미지의 세계로 뛰어들기를 촉구해야 한다. 여기서 말하는 결단이란 제2의 계획 같은 것은 없다는 뜻이다. 여태까지 한 발은 문밖에 둔 상태였는데 이제 두 발 다 안에 들어와 본격적으로 시작하게 되었으니 이러쿵저러쿵하지도 못하는 것이다.

대안을 마련해두었다면,
그것은 결단을 내린 것이 아니다.

'결단'의 라틴어 어원은 말 그대로 '끊는다'는 뜻이다. 그래서 다른 선택권은 없으며 자기가 내린 결정 하나에만 전념해야 한다. 사람들이 결정을 내릴 때 초조해하거나 저항감을 느끼는 이유는, 한 가지 결단을 내리면 하고 싶은 다른 멋진 일을 놓칠지도 모르는 공포와 두려움 때문이다. 하지만, 모든 일을 다 하려다 보면 결국 아무것도 할 수 없다.

성공으로 향하는 길에 떨어진 가장 큰 바나나 껍질 중 하나는 당신의 시간과 집중력을 분산하는 것이다. 정신이 사방에 분산되면, 한 가지 일에만 적극적으로 달려드는 것이 아니라 여러 가지 일을 대충 처리한다. 부자가 되는 법을 알아내고 그 목표를 이룰 때까지 계속 전진하겠다고 굳게 결심하면, 훗날 그 보상의 일부로 부자가 되겠다는 결심을 지키느라 못한 일을 모두 할 수 있을 것이다.

나는 부자가 될 것이고 돈이 들어올 때까지 어떻게든 이 결심을 지키겠다는 굳은 다짐만 해도 성공할 수 있다. 어떤 결심을 하면 무의식적으로 그것을 이루겠다는 생각에 사로잡힌다. 그래서 아무리 겁이 나도 사방에서 기회를 찾으려고 한다. 또 애초에 부자가 되는 것이 가능하다고 여기지 않았다면 그런 결심도 하지 않았을 것이기 때문에 신념은 황소처럼 강하다. 자기가 바라는 것이 이미 세상에 존재한다는 사실에 감사하면서 계속 그 생각만 하기에 어느새 마음속에서는 현실이 되고, 커다란 위험도 무릅쓴다. 욕실 색을 바꾸는 사소한 일을 결정할 때도, 우리는 백만 번은 보았던 페인트 색을 완전히 새로운 시선으로 바라보고 계속 그 이야기만 해야 한다. 또 페인트 색을 고르라며 친구들을 괴롭힌 탓에 손에 페인트를 들고 다니는 모습만으로도 죄다 숨어버릴 정도로 그 일에 몰두해야 한다. 굳은 결심은 마음가짐과 행동 등 모든 것에 활기를 불어넣는다.

갈망은 생각으로 전달되는데,
행동으로 옮기려고 할 때 그 갈망을 받아들인다.

중요한 사실이 하나 더 있다. 우리는 어떤 결심을 한 뒤 머릿속에 떠오르는 모든 생각과 새 계획에 세심한 주의를 기울여야 한다는 것이다. 자신의 낡은 습관이 앞길을 가로막고 새로운 당신을 방해하려고 하기 전에 알아차려야 한다. 갑자기 떠오른 좋은 계획 하나가 인생 전체를 바꿔놓을 수도 있지만, 당신 자신이 그 계획을 실행에 옮기지 않는다면 결국 아무 일도 일어나지 않는다. 그리고 잠재의식은 은밀하게 움직여서 무슨 일이 벌어졌는지 채 알아차리기도 전에 당신을 가로막을 수 있다.

내 능력이 닿지 않는 듯하거나 원치 않게 해야 하는 계획을 실행에 옮기지 않고, 그것을 다른 방식으로 해낼 수 있는 척하느라고 얼마나 많은 시간을 낭비했는지 모른다. 다시 말해 날 억지로라도 성장시켜줄 계획들을 외면해온 것이다. 나는 이런 계획이 떠올라도 눈길조차 주지 않고 그 즉시 불가능한 일이라며 한쪽으로 치워버리는 천재적인 솜씨를 발휘한 것으로만 유명했다. 다음 계획! 그리고는 다시 불평과 혼란에 빠져 어째서 나는 이 구렁텅이에서 빠져나가지 못하는 것인지 의아해했다.

산에서 오도 가도 못 하는 처지에 놓인 불쌍한 등반가에게 떠오른 계획이 바로 삶을 변화시키는 계획의 좋은 예다. 그가 시련을 헤쳐나가게 해준 몇 안 되는 소지품 가운데 손목시계가 있었다. 눈도 뜰 수 없을 정도로 하얗게 빛나는 눈밭에 누워 다친 다리를 끌고 걸어가야 하는 어마어마하게 넓은 땅을 바라보던 그는, 멀리 떨어진 곳에 경사나 절벽 혹은 무언가 눈에 띄는 부분이 있는 지점을 하나 정하고는 20분 안에 그곳까지 가겠다고 결심했다. 시계의 타이머를 설정하고는 아무리 통증이 심하고 어떤 장애물이 나타나도 타이머가 끝나기 전에 그 지점에 도달하는 데 모든 생각과 에너지를 집중했다. 그것이 불가능해 보이는 일 앞에서 마음의 평정을 잃지 않고 앞에 가로놓인 엄청난 거리를 주파할 수 있는 유일한 방법이라고 생각했다. 그는 20분의 도전을 매번 극도로 진지하게 받아들였다. 타이머가 끝나기 전에 목표 지점에 도달하는 것을 절대 양보할 수 없는 절박한 사안으로 여겼다. 그리고 목표를 달성하지 못할 경우 단순히 손목시계에 지는 것이 아니라 자신이 위태로워진다는 것을 알았다.

위축감은 숨쉬기를 중단하고, 균형감을 잃고,
자기가 자신의 인생을 통제한다는 사실을 잊어버리겠다
는 쓸모없는 결정을 내렸을 때 느끼는 감정이다.

삶에 큰 변화를 일으키기 시작할 때는 매우 위축되는 감정을 느끼는 것이 일반적이다. 현재 삶에서 여전히 많은 일을 하고 있는데, 이제 새로운 목표를 달성하기 위해 더 많은 일을 해야 한다고? 그것도 평범한 일이 아니라 지금까지 너무 겁나서 시도도 못 해본 엄청나게 무서운 일이다. 어찌나 무시무시한지 갑자기 "세상에, 나 못 움직이겠어. 진짜야. 내 팔에 문제가 생겼나 봐, 이걸 들어 올릴 수가 없어" 같은 상태가 되기도 한다. 위축되는 느낌도 평온함과 마찬가지로 일종의 마음 상태일 뿐이라는 것을 기억해야 한다.
　짐승처럼 덮쳐오는 위축감을 다시 우리에 집어넣는 두 가지 방법이 있다.

1. 세부적인 부분을 검토한다

우리는 삶의 모호하고 무한한 세부 사항이 우리를 불행으로 몰아세우고 있다고 생각하면서도 화를 내는 등 불필요한 고통을 너무 많이 겪으며 산다. 그러면서 대개 자기가 무슨 이야기를 하는지도 모른다. 예를 들면 이렇다.

"답장을 써야 하는 이메일이 백만 통이나 쌓여 있고 아이들도 데려오고 저녁도 지어야 하고 새 사업을 위한 대출도 신청해야 해. 이걸 전부 다 하는 건 불가능하다고!"

이러던 것이 검토를 거치면서 다음과 같이 바뀐다.

"사실 밀려 있는 이메일이 백만 통이 아니라 12통이라서 답장하는 데 45분밖에 안 걸렸어. 저녁 준비에는 30분이 걸렸고, 아이들 데려오는 건 이웃에게 부탁했지. 그랬더니 대출 신청서 쓸 시간이 엄청 남지 뭐야."

물론 때로는 감당할 수 없을 만큼 일이 많을 때도 있지만, 일을 명료하게 정리하면 당신이 느끼는 위축감이 대부분 사라진다.

2. 해야 할 큰일을 작은 덩어리로 나눈다

책 한 권을 다 써야 하는 작업에 직면하면 길에 드러누워 버리고 싶을 테지만, 자리에 앉아서 한 챕터를 쓰는 정도라면 신나게 할 수 있다. 만신창이 몸을 이끌고 험난하기 이를 데 없는 얼어붙은 땅을 몇 킬로미터나 가로지르라고 하면 당장 이 상황에서 벗어나고 싶다. 하지만 20분 안에 A 지점에서 B 지점까지만 가라고 한다면 즐겁지는 않아도 아주 못 할 일처럼 느껴지지는 않을 것이다.

시간을 잘게 쪼갰을 때 얻는 또 하나의 중요한 장점은 집중력이 생긴다는 것이다. 산에서 조난을 당한 남자의 예를 다시 들어보자면, 그는 20분간 힘을 다하는 동안에는 당장 해야 하는 눈앞의 일에만 집중했다. 이런 집중력이 두 가지 일을 해냈다. 하나는 그의 믿음을 강하게 한 것이다. 그는 자기 몸을 목적지까지 끌고 가는 일에만 집중했다. 그것이 끝이다. 중단하고 싶다거나 실패할지도 모른다거나 자기가 바보짓을 한다는 생각은 전혀 하지 않았다. 그는 오로지 성공 가능성에만 집중했고, 결국 계속해서 성공을 거두었으며, 성공할 때마다 신념은 더욱 굳건해졌다.

다음은 확고부동한 집중력 덕분에 시간을 최대한 활용할 수 있다. 이 사람은 빈둥거리며 시간을 허비하거나, 눈 위에 누워 팔다리를 휘저어 천사 모양을 만들 여유가 없었다. 그는 당장 물 한 잔이 갈급한 상황이었기 때문에 1분 1초가 중요했다.

물론 우리에게도 삶의 1분 1초가 다 중요하다. 하지만 그런 절박함을 잊어버리고 할 일을 미루거나 징징거리거나 일을 완수하기는커녕 방해하기만 하는 생각에 집중하고 그것을 믿으면서 소중한 시간을 써버리는 경향이 있다. 직장에서 하루 8시간을 보내는 사람들은 그중 약 3시간만 생산적으로 일하고 나머지 시간은 정수기 앞에서 노닥거리거나 섹스에 대해 생각하거나 페이스북에서 개를 쫓아다니는 오리

영상을 보면서 보낸다. 무언가를 할 때 많은 시간이 있다고 느낀다면, 그 일을 끝내기까지 많은 시간이 걸릴 것이다. 반면 당신에게 시간이 20분밖에 없다면 그 일을 20분 안에 마치게 된다. 시간을 잘게 쪼개서 한 가지 일에만 집중하면, 일의 생산성을 극대화하면서 다른 일을 할 수 있는 시간을 많이 확보할 수 있다.

시간은 그것을 찾으려는 사람이 아니라,
만들어내는 사람에게 온다.

지금까지 살펴본 당신의 지갑을 더욱 두둑하게 해줄 행동 단계를 세부적으로 정리해보자.

- 자기가 벌고자 하는 액수, 돈을 쓸 구체적인 용도, 그 돈을 벌면 기분이 얼마나 좋을지 등을 명확하게 밝힌다.
- 자기는 흔들리지 않는 노력으로 반드시 그 돈을 벌겠다고 결심한다.
- 목표로 하는 돈을 벌기 위한 계획을 세우고, 그 계획을 잘게 나눈 뒤, 한 번에 한 가지 목표에만 집중한다.
- 당신이 만들어갈 인생과 당신에게 쏟아져 들어올 모든 돈을 머릿속에 그려본다.
- 어디에서나 최선을 다하자. 계획을 실행하는 동안 볼링장 탁자

밑에서 껌을 떼어내는 일자리를 얻었다면, 자기가 좋아하지 않는 직업을 가진 데 화를 내기보다는 볼링장 최고의 껌 제거 전문가가 되겠다고 생각하자.

- 돈을 더 많이 벌겠다는 목표를 향해 나아갈 '방법'을 알게 되면, 어떻게든 안 하려고 변명을 대지 말고 곧장 뛰어들어야 한다. 특히 그것이 겁나는 방법일 때는 더 그렇다.

자신의 두려움이
나침반 역할을 하게 해야 한다.

엄청나게 비싼 코칭 패키지에 등록하기 위해 8만 5천 달러를 마련했다고 한 이야기 기억나는가? 그것은 그때까지 내가 한 일 가운데 가장 무섭고 불편한 일이었다. 그런데 어떻게 해낼 수 있었는지 방법을 알려주겠다. 처음에 그랬던 것처럼 도망가서 숨는 것이 아니라 이번에는 정말 제대로 높은 수준의 코치를 한번 받아봐야겠다고 결심했다. 그러고는 어떤 생각이 머리에 떠오른 순간 바로 행동에 옮겼다. 그 생각은 재미있거나 편안하거나 내 치부를 드러내지 않고 넘어갈 수 있는 것이 아니었다. 하지만 계속 똑같은 인생을 살면서 시간을 더 낭비하기보다는 적극적으로 행동하고 싶다는 욕구가 강했기 때문에 실천에 옮겼다. 나에게 떠오른 생각은 그 돈을 빌려줄 만한 사람에 관한 것이었다. 그 사람은 코칭 패키지에 대해 아는 것이 거의 없다. 그리고 알아도 좋게 생각하지 않을 것이다. 게다가 내가 만난 사람 가운데 가장 구두쇠다. 돈은 많지만 세일하는 화장지를 잔뜩 사서 쟁여둘 때 외에는 절대로 돈을 안 쓰는 사람이다. 하지만 나를 믿는다.

이 무서운 생각이 머릿속을 점령하는 순간 곧바로 그녀가 사는 곳으로 예고도 없이 찾아가 깜짝 놀라게 했다. 나는 그 사람에게 내 약점을 노출하는 위험과 내가 정신이 나갔고 무책임하며 사이비 종교에 빠진 것이 확실하다고 생각할지도 모르는 위험을 감수했다. 돈이 얼마나 필요한지 말했을 때 그녀의 얼굴에 떠오른 고통스러운 표정은 절대 잊지 못할 것이다. 하지만 한동안 불편한 마음으로 상의를 거듭한 끝에 결국 돈을 빌릴 수 있었다. 그리고 그 후 1년도 안 되어 빌린 돈을 모두 갚을 수 있을 만큼 돈을 벌었을 뿐만 아니라, 두려움을 이기고 과감하게 부탁한 경험과 최고의 코치에게 1년간 가르침을 받은 덕분에 과거의 젠 신체로가 한 번도 가보지 못한 위치에 올랐다. 그 뒤에도 계속해서 크고 무서운 위험을 감수했다. 예전처럼 모든 일을 혼자 다 하는 것이 아니라 동영상 제작과 온라인 사업 체계 개선을 위한 팀을 고용했으며, 새로운 제품과 서비스를 만들고, 책을 써서 뉴욕 타임스 베스트셀러로 만들었다. 전에는 너무 무섭고 게을러서 하지 못한 일을 해낸 덕분에 지금은 수백만 달러 규모의 사업체와 브랜드를 소유한다. 그리고 이 모두가 정말 하고 싶지 않은 일을 하는 데서부터 시작하지 않았다면 절대 일어나지 않았을 일들이다.

8만 5천 달러짜리 중요한 참고 사항이다. 이 글을 읽고 와, 나도 얼른 나가서 8만 5천 달러를 빌려줄 만한 사람에게 모두 부탁해봐야겠다고 생각한다면 이 점만은 명확하게 해두고 싶다. 가격은 상관없다. 자신의 삶을 변화시키는 것은 눈앞에 해결책이 존재하느냐 아니냐가 아니라 본인의 욕구와 결심에 달린 문제다. 부자가 되기 위한 자산을 마련하기 위해 일정 돈을 반드시 손에 넣겠다고 결심할 경우, 그것이 80달러든 8만 달러든 그 돈은 이미 존재하므로 얻기 위해 얼마나 진지하게 노력하는지가 관건이다. 자신을 설득해서 필요한 일을 못 하게 하는 가장 빠른 방법은, 피해자 의식에 빠지거나 다른 사람은 애초부터 가진 것이 더 많고 자기만 힘들게 생활하니 노력해도 소용없다고 판단하는 것이다. 실제로 당신의 삶이 남보다 힘들 수도 있겠지만, 당신보다 훨씬 힘들게 살던 사람도 기적 같은 일을 해냈다. 성공을 위해서는 당신이 지금 처한 상황이 아니라 앞으로 어디에서 어떤 사람이 될 것인가 하는 결심이 중요하다.

때로 다음 단계로 넘어가기 위해 감수해야 하는 무서운 위험 중에 아직 손에 넣지 못한 돈을 쓰는 것도 있다. 이는 기본적으로 빚을 지라고 종용하는 것이기 때문에 매우 논란이 많은 주제다. 우리 사회에서는 빚을 아주 위험한 것으로 여기기 때문이다. 하지만 빚도 다른 모든 것과 마찬가지로 마음가짐에 달렸디. 자기 수중에 없는 돈을 무모하게 쓰고, 분수에 넘치는 생활을 하고, 빚을 갚겠다는 진정한 투지나 계획이 없는 것도 하나의 마음가짐이다. 이런 식으로 생활하라고 권하는 것이 아니다. 또 만약에 다른 방법이 있다면 굳이 빚을 질 필요도 없다. 이것은 최후의 수단이기는 하지만, 올바른 마음가짐만 갖춘다면 얼마든지 실행 가능한 방법이다.

내가 말하는 것은 위험을 감수하고 위기가 발생해도 잘 대처하며 돈을 벌 때까지 멈추지 말라고 스스로 자신에게 종용하는 마음가짐이다. 이는 여행이 가고 싶지만 적당한 시간을 못 찾는 경우와 비슷하다. 이때도 일단 비행기 티켓을 사고, 호텔을 예약하고, 필요한 것은 전부 준비한 뒤, 거기에 맞추어 일정을 짜야 한다. 시간이 날 때까지 마냥 기다리기만 한다면 그런 날은 절대 오지 않을 것이다.

이 경우도 마찬가지다. 먼저 돈이 생기기만을 기다린다면 그런 일은 절대 일어나지 않을 것이다. 나도 내 능력을 최대한 발휘해서 형편없는 생활에서 벗어나 부자가 되고자 노력할 때 계속 이런 식으로 일을 진행했다. 코치 비용을 지불하기 위해 새 신용카드를 발급받고, 신용카드 빚을 갚기 위해 코치가 하라고 시킨 일은 아무리 겁이 나도 전부 했다. 그런 식으로 해서 몇 달 안에 빚을 전부 갚았다. 1년 수입이 3만 달러밖에 안 되던 그 시절에 필요한 돈이 생길 때까지 마냥 기다리기만 했다면, 코치를 고용하고 생계를 유지하는 일을 동시에 해내는 것은 불가능했을 것이다. 지금보다 빚을 더 많이 진다는 무시무시한 도약을 감수했지만, 이는 내 삶을 바꿀 준비가 된 나에 대한 전폭적인 믿음이 있었기에 가능한 일이었다. 이런 식의 위험을 감수하는 것은 희생자가 되는 것이 아니라 자기 인생을 책임지는 행동이다. 자기 자신을 믿고, 또 원하는 것은 무엇이든지 이룰 수 있다고 믿어야 한다. 그리고 그 과정에서 어떤 사람이 되느냐가 중요하다.

새 매장을 열 장소를 빌리기 위해 대출을 받거나 새 비서에게 봉급을 주기 위한 돈을 빌려야 하는 경우, 빚을 갚기 위한 계획을 세운 뒤 그만큼의 돈을 벌라고 자신에게 종용해야 한다. 안전지대 안에 느긋하게 앉아 있을 여유 같은 것은 없다. 돈을 다시 벌면 믿음과 감사의 마음으로 그 돈을 받아서 쓰고, 주파수를 높게 유지하면서 집중력을 강화해야 한다. 그리고 돈을 벌기 위해 필요한 일을 전부 하라고, 특히 새로운 높이에서 더 무서운 도약을 하고 목표를 달성할 때까지 멈추지 말라고 자신에게 요구하자.

평균 4천 5백 달러 선이던 월수입을
3만 5천 달러로 늘린 내 고객 켈리

켈리는 티셔츠 회사를 운영한다. 당시 그녀는 아무리 돈을 많이 벌어도 그럭저럭 먹고 살 정도의 돈밖에 안 남는다는 사실에 좌절했다. 차가 고장 난다거나 예상치 못한 청구서가 날아오는 등 계속 무슨 일인가가 생겨서 돈이 다 새나가는 것이었다. 켈리는 일거리를 더 많이 맡고 싶었지만 혼자 힘으로는 감당할 수가 없었다. 그렇다고 누구를 가르쳐서 일을 시키는 것은 자기가 너무 바빠서 힘들다고 여겼다. 그리고 사업이 부진할 때는 돈이 없으니 직원을 고용해서 양성할 만한 여유가 없다고 생각했다. 그렇게 몇 년 동안이나 이 악순환의 고리에서 빠져나가지 못했다.

난 직원을 채용할 방법이 없다고 스스로 확신했다. 융자금 상환도 늦어지고 있었고 새로운 일거리도 들어오지 않았기에 내가 어떻게 다른 사람의 수입을 책임질 수 있겠는가, 라고 계속 생각했다. 그래서 젠 코치가 성장하고 싶다면 누군가를 고용해야 한다고 말했을 때 완전히 겁에 질렸다. 하지만 그때 갑자기 내 마음가짐이 바뀌었다. 그렇게 하라는 허락을 받고 나니, 마치 어떤 통찰이 생긴 것처럼 그것이 바로 내가 해야 할 일이라는 것이 명백해졌다. 이런 변화가 생기기 전까지는 그 사실을 확인할 방법이 없었다.

직원 채용에 전념하기 시작하자 선택의 여지가 없었다. 직원에게 급여를 지불할 돈을 벌어야만 했다. 이는 정말 겁나는 일이었지만 한편으로는 더없이 의욕을 고취하기도 했다. 채용한 직원이 일을 시작하자 닫혔던 수문이 열리듯 일이 밀려들기 시작해, 내가 올바른 결정을 내렸다는 사실을 바로 알게 되었다. 직원이 없었다면 밀려드는 일거리를 모두 처리할 방법이 없었을 것이다.

첫 번째 코칭 과정이 끝난 뒤에 다른 사람을 사업에 동참시킨다는 두렵지만 흥미로운 노력을 하고, 돈을 벌어들이는 모습을 상상하며 주파수를 높인 결과, 첫 한 주 동안 2만 6천 달러를 벌었다. 단 일주일 만에 말이다! 50퍼센트의 마법과 50퍼센트의 노력 덕분이라고 생각한다.

돈 때문에 한밤중에 잠에서 깨 스트레스받지 않아도 된다는 것은 정말 기분 좋은 일이다.

CHAPTER 09

필요하다면
돈 앞에서
친구도 버려라

20대 초반에 대학 친구 여러 명과 함께 스페인 바르셀로나로 떠났다. 우리는 낡은 아파트를 빌렸고 가구는 전부 거리에 버려진 것을 주워다 쓰면서 매일 미친 듯이 폭음하고 돼지처럼 살면서 밤새 파티를 벌였다.

스페인은 이탈리아와 바로 붙어 있기 때문에, 어느 주말에 기차를 타고 나폴리에 가서 친척을 만나고 와야겠다고 생각했다. 사촌 발렌티나와 함께 오래된 시골 마을에서 파티를 열고, 풍경을 구경하고, 그녀와 더 친해지고, 그녀를 위해 탐폰 상자 안에 숨겨온 거대한 마리화나 덩어리를 얼른 선물하고 싶어서 참을 수가 없었다.

하지만 나폴리에 도착한 나는, 멋진 토요일 밤 외출이란 그녀의 친구들과 만나 광장을 산책하고 아이스크림을 먹으면서 사람을 구경하는 것을 뜻한다는 사실을 알고 경악했다. 특별히 좀 방탕하게 놀고 싶은 날에는 아이스크림을 하나씩 더 먹었다. 무슨 재활 시설에라도 들어간 기분이었다. 이런 상황에 크게 실망한 것은 물론이고, 거리에서 술에 취해 비틀거리며 "오 솔레미오!"라고 외치는 미국 젊은이들과 스쳐 지나갈 때면 심한 수치심까지 느꼈다.

미국인인 나와 달리 발렌티나는 저녁 식탁에 늘 포도주 병이 올라오는 환경에서 자랐고, 미성년자인 그녀가 포도주에 손을 뻗어도 부모가 눈썹을 추켜세우거나 "너 대체 뭐 하는 짓이니?"라고 꾸짖지 않았다.

발렌티나에게는 술이 별다른 것이 아니라 그냥 생활 일부였다. 탁자 위 포도주 병은 그 옆에 놓인 빵 한 덩어리와 동일했다. 하지만 나에게 술은 금기이자 위험 물질이고, 담배를 피우거나 남의 부모님 이름을 마구 불러대는 것만큼 스릴 넘치고 불손한 일이었다. 당시 내 나이는 21살이 넘었고 나에게 이래라저래라 할 사람은 아무도 없었으며 하고 싶은 일은 무엇이든지 할 수 있었다. 그래서 그렇게 했다. 그것 때문에 아무리 욕지기가 나더라도 말이다.

우리의 환경은 음주 습관부터 금전 상태, 신체적 외모에 이르기까지 모든 것을 형성하며, 특정한 환경에 오래 머무를수록 더 많은 영향을 받는다. 사람들은 시간이 지남에 따라 자기가 키우는 개와 닮아가기 시작한다는 것을 아는가? 영국에서 많은 시간을 보낼수록 토메이토가 아닌 토마토라고 발음하게 된다는 것은? 우리 집 벽장에는 휴가 여행을 갔다가 사 온 물건이 가득 있다. 아이슬란드에서 산 25파운드짜리 양모 니트 스웨터, 인도에서 산 발가락 반지, 머리에 쓰면

술잔에 꽂는 장식용 우산처럼 보이는 뾰족한 베트남 밀짚모자. 전부 다 그 나라에 있을 때는 자주 입고 쓰던 것들이지만, 집에 돌아온 지금은 전부 벽장에 처박혀서 세상 구경을 못 하고 있다.

돈과 관련해서는 주위에 어떤 사람과 사물이 있는지가 돈에 대한 당신의 관점과 느낌에 엄청난 영향을 미친다. 당신이 처한 환경에 따라 비싼 것과 싼 것, 현명한 구매와 어리석은 구매에 대한 생각과 자기가 벌 수 있는 금액이 정해진다. 사실 이것은 정신이 번쩍 드는 실습 방법이다. 평소에 가장 자주 어울리는 사람 5명의 평균 수입을 계산해보면 본인의 수입과 비슷할 확률이 높다.

이탈리아에 머무르면서 발렌티나와 함께 어울렸다면, 아마 바르셀로나에서 얻은 10킬로그램에 가까운 술살도 찌지 않았을 테다. 하지만 인생의 그 시기에는 늘 술에 취해 흥청대는 족속들과 어울렸고, 거대한 술잔을 10초 만에 비운 내 기록이 깨지지 않는 것을 자랑스럽게 여겼다. 좋은 건강 상태라든가 어디에서 아침에 눈을 뜨든 전혀 관심이 없었다.

우리는 별다른 고민 없이 자신의 환경을 '현실'로 받아들이면서 정상적인 삶은 다 이런 것이라고 여긴다. 술통 들고 통째로 들이붓기 같은 것은 누구나 다 하는 것이잖아? 그래서 자신의 소득과 생활수준을 올리기로 했을 때는 가급적 자신을 위해 만들고자 하는 새로운 환경 안에서 지내는 것이 중요하다. 그래야 기존의 낡은 방식대로 생각하고 믿고 살아가는 데서 탈피할 수 있을 뿐만 아니라, 새로운 환경이 당신에게 영향을 미치기 시작하고 정상적인 것에 대한 새로운 개념이 자리 잡을 기회가 생긴다.

매주 사고 싶은 자동차를 시승해보자. 얼른 쇼핑하고 싶어 못 견디겠는 상점들을 돌아다니면서 옷을 입어보자. 언젠가 집을 사려고 하는 동네를 걸어 다니면서 가장 마음에 드는 집을 골라보자. 공항 국제선 터미널에서 시간을 보내는 등 자기가 관심 있는 일에 푹 빠져보자.

예전에 돈이 없던 시절에는 로스앤젤레스 동쪽 지역에 살았다. 사실 그곳이 마음에 들어서가 아니라 집세가 내 주머니 사정에 맞았기 때문이었다. 나는 용감하게도 일주일에 몇 번씩 시내를 가로질러 서쪽 지역으로 가서, 정말 살고 싶지만 집값이 너무 비싼 그 해안가 동네를 이리저리 돌아다니며 시간을 보내곤 했다. 나도 바닷가에 살면서 파도가 부서지는 소리를 들으며 잠이 들고, 물결 너머로 태양이 지는 동안 긴 산책을 하고, 서프보드를 옆구리에 끼고 젖은 수영복을 입은 남자들과 함께 은행에 줄을 서고 싶었다. 내 삶이 그런 식으로 돌아가길 바랐다. 딱 하나 문제가 있다면, 다른 사람도 대부분 그런 식으로 살고 싶어 하기 때문에 해변에서 살 집을 찾으려면 당시 내가 내던 집세의 두 배 이상은 내야 한다는 것이었다. 적어도 크레이그리스트Craigslist(온라인 생활 정보 사이트 - 옮긴이)를 비롯한 모두가 그렇게 말했다.

어쨌든 거의 이틀에 한 번은 35분씩 운전해가서, 살고 싶은 동네에 있는 커피숍에 앉아 방금 내 집에서 여기까지 걸어온 척했다. 그리고 아는 사람 모두에게 이 동네에서 아파트를 찾고 있다고 말하고, 전단지를 살펴보았다. 몸 앞뒤로 매는 광고판을 걸고 인도를 돌아다니면서 지나가는 사람들에게 내 전화번호를 나눠주는 것만 빼면 방법이란 방법은 다 동원해본 셈이다. 하지만 몇 달 동안 내가 지불할 수 있는 가격 범위 근처에서는 아무것도 찾지 못했다. 그런데 어느 날 크레이그리스트에 무언가가 떴다. 해변에서 세 블록 떨어진 곳에 있는 집인데, 내가 현재 지불하는 집세보다 백 달러만 더 내면 된다고 했다. 너무나 좋은 조건이라 진짜 같지가 않았다. 그리고 집을 공개하는 날 갔더니 사람들이 꽉 들어차서 디딜 틈도 없었다. 틀림없이 다들 조건이 너무 좋아서 진짜일 리가 없다고 생각한 모양이었다. 하지만 광고는 거짓말이 아니었다. 해변에서 세 블록 떨어졌고 그 지역 집값치고는 미친 듯이 쌌으며 아늑하기까지 했다. 다만 광고에서 이야기하지 않은 사실은 그곳의 마지막 세입자가 도요타 코롤라였다는 것이다. 그러니까 그곳은 차고였다. 정확하게 말하자면 차 1대가 들어가는 크기의 차고. 하지만 나는 어떻게든 해안가에 살고 싶었고, 이 장소는 그 꿈을 이루기 위한 티켓이었다. 그래서 임대 신청서에 이 아파트에 대한 애정을 적고, 집주인에게 전화를 걸어 내가 얼마나 진지하고 깔끔한 사람인지 이야기했다. 게다가 다음 날 집주인이 페인트칠하는 동안 들러서 호밀빵으로 만든 샌드위치를 주는 등 갖은 애를 다 쓴 끝에 마침내 그곳을 빌릴 수 있게 되었다(아마 찰거머리 같은 내가 귀찮게 구는 게 싫어서 빌려주었을 것이다).

꿈의 차고로 이사하는 일이 남들이 관심을 가질 만큼 매력적인 금전적 성공담이 아니라는 것은 안다. 그런데 내가 굳이 이 이야기를 하는 이유는 이것이 디딤돌 구실을 하기 때문이다. 이 방법으로 내가 정말 간절히 바라던 환경 안으로 들어갈 수 있었다. 그리고 이 작고 유쾌하지만 형편없는 장소를 발판 삼아 진짜 돈을 벌기 위한 첫걸음을 뗐다. 그 결과 얼마 안 있어 차고에서 나와 진짜 집으로 이사할 수 있었다. 하지만 차고에서 사는 동안에는 최선을 다해 그곳을 치장했다.

창살을 밝은 흰색으로 칠하고, 조개껍데기와 돌멩이로 만든 모빌을 천장의 통풍관에 매달고, 뒤틀린 차고 문의 갈라진 틈새는 액자로 가렸다. 바다 냄새를 맡고 파도 소리를 들을 수 있다는 것, 그리고 어디든 자전거를 타고 가서 언제든 마음 내킬 때마다 수영할 수 있다는 것이 내 인생관에 큰 변화를 가져왔다. 영감이 넘치고, 행복하고, 내 세상을 만난 기분이었다. 또 그곳에서 값싼 아파트를 찾아내면서 나는 불가능한 일도 해낼 수 있다는 것을 나 자신을 비롯한 모든 사람에게 입증했다.

우리는 감정에 이끌려 살아가는 활기찬 존재다. 따라서 주변 환경 때문에 우울하다면, 상황이 밝아질 수 있도록 가능한 모든 방법을 다 동원하는 것이 중요하다. 페인트칠을 새로 하고, 창문을 닦고, 주변에 식물을 두고, 잡동사니를 정리하고, 추레한 소파에 멋진 침대보를 씌웠다면 이제 제대로 된 커튼을 사자. 집을 팔려고 준비 중인 친구가 몇 명 있는데, 녹슨 뒷문을 페인트칠하고 마당의 잡초를 뽑고 벽에

난 구멍을 모두 메우는 등 집을 멋지게 단장하며 온갖 정성을 다 들인다. 그리고는 집 분위기가 완전히 바뀐 것을 보고 그 집에 사는 동안에는 그런 일을 하지 않았다는 사실에 몹시 당황하곤 한다.

이를 위해 많은 돈이나 시간을 쓸 필요는 없지만 약간의 노력으로도 큰 차이를 만들 수 있다. 이는 자신의 잠재력에 대한 투자다. 진흙탕에서도 아름다운 꽃이 자랄 수는 있지만 그것도 적절한 영양과 에너지가 뒷받침되어야 한다. 초라함은 초라한 환경에서 생겨나므로, 하루만이라도 주변 환경을 돌보고 꾸미자.

이는 당신의 물리적인 환경에 존재하는 것에 모두 해당한다. 입는 옷, 먹는 음식, 듣는 음악, 산책하는 장소 등 자신에게 기쁨을 안겨주는 것들을 면밀히 의식하고, 최선을 다해 의도적으로 그런 일에 참여하며, 의기소침하게 하는 것은 모두 차버려야 한다.

내 친구가 아주 재미있는 이야기를 해주었다. 프랑스인 룸메이트가 어느 날 친구가 옷 갈아입는 모습을 지켜보더니 심한 프랑스어 악센트로 이렇게 말했다는 것이다. "네 속옷을 보면 아무래도 넌 슬픔에 잠겨서 네 인생을 싫어하는 것으로 보여." 친구는 대형 할인 매장에서 5개씩 묶어 팔 때 산 면 팬티를 내려다보면서 이렇게 생각했다. '그래도 비키니 스타일이잖아. 최소한 할머니들이 입는 배를 다 덮는 팬티는 아니라고. 그게 중요한 거 아냐?'

주변 환경에서 각별히 의식해야 하는 가장 중요한 부분은 당신 주위에 있는 사람이다. 특히 새로운 믿음의 근육을 막 훈련하기 시작하면서 모든 의심과 두려움과 걱정을 떨쳐버리고 진짜 돈이 당신 인생으로 흘러들어오기 시작할 무렵에는 더욱 조심해야 한다. 당신이 지닌 힘을 모두 발휘해야 하는 상황인데, 이런 때 "방금 읽은 기사에 나온 얘긴데, 새로 문을 연 식당 5개 중의 4개가 망한대. 그러니까 너도 식당을 차렸다가 실패하면 지금 가진 모든 걸 다 잃게 될 거야"라는 등 앞길에 전혀 도움이 안 되는 말이나 던지는 동료, 친구, 가족만큼 짜증 나는 존재도 없다.

우리 믿음의 풍선을 터뜨리는 데
친구라는 뾰족한 핀만큼 효과적인 것도 없다.

"행운을 빌어!" 같은 쓸데없는 격려나 "이런 (부정적인) 말하는 것도 다 널 걱정해서 그러는 거야. 돕고 싶어서 하는 말이라고" 같은 뻔한 소리를 하는 이들이 아니라, 당신을 응원하고 실제로 도움을 주는 사람을 곁에 두려고 노력해야 한다. 그들의 말에 기본적으로 담긴 뜻은, "난 별 볼 일 없는 인간이고 겁도 많아서 너한테 이런 싫은 소리를 하는 거야. 하지만 결국 널 걱정한다는 뜻이니까 넌 반박할 수 없지"라는 것이다. 걱정이 많은 사람, 의심하는 사람, 호들갑 떠는 사람, 무능한 사람, 생각이 짧은 사람, 불평이 많은 사람, 징징대는 사람, 투덜대는 사람, 성격이 나쁜 사람 등 이런 사람들과는 자신의 꿈을 공유하고 싶지 않을 것이다.

문제는 인간관계와 관련된 환경을 좋게 바꾸는 일은 집안에 양탄자를 깔거나 마당에 해바라기를 심는 것보다 좀 더 어렵다는 것이다. 특히 가장 도움 안 되는 사람이 하필이면 관계가 밀접한 사람인 경우에는 더 그렇다. 이것은 부자가 되겠다고 결심한 사람이 겪는 가장 흔하면서도 짜증스러운 난제다. 그러니까 대체 주변 사람이 다 왜 이러나 싶은 것이 당신뿐만이 아니라는 이야기다.

주위 사람이 죄다 부정적이거나 염려만 늘어놓거나 당신을 지지해주지 않을 때 할 수 있는 일이 몇 가지 있다.

- 그들의 생각을 바꾸려고 애쓰지 말자. 그들을 격려하고, 사랑하고, 부탁하면 조언도 해주고, 그들이 아주 훌륭한 사람이라고 말해주되, 그들이 변화를 받아들이도록 설득하는 것을 과업으로 삼아서는 안 된다. 이유는 이렇다.

첫째, 그들이 스스로 발전하려는 의지가 없는 상황에서 억지로 무언가를 하게 할 수는 없다. 당신 인생의 변화를 걱정할 뿐만 아니라 본인 인생을 변화시키는 것도 두려워한다면, 스스로 준비해야만 그 상태에서 깨어날 수 있지 당신이 그렇게 하라고 시킨다고 되는 일이 아니다. 둘째, 이것은 그들의 여정이니 어떤 식으로 이겨낼지는 그들이 직접 선택해야 한다. 셋째, 당신은 좌절감을 느끼고 상대방은 성가시게 잔소리나 한다고 생각할 테니 결국 관련된 사람 모두 다 기분이 나빠진다.

- 모범을 보인다. 그들에게 무엇을 해야 하고 무엇을 하지 말아야 하는지 입 아프게 계속 이야기하기보다는, 당신 스스로 노력해서 가급적 최고의 인물이 되는 것이다. 그래서 그들이 어떻게 그런 일을 해냈느냐고 물어보면 그들을 돕기 위해 할 수 있는 일을 다 하고, 물어보지 않는다면 그냥 내버려 두면 된다.
- 그들이 당신을 지지하지 않고 면전에서 의심과 걱정의 말이나 내뱉을 것이 뻔하다면, 당신의 꿈이나 지금 하는 일에 대해서 이야기하지 말아야 한다. 무슨 말인지 알겠는가? 당신은 여전히 그들을 사랑하고 그들과 함께할 테지만, 당신 인생의 그 부분에는 개입시키지 말라는 이야기다.
- 성공을 위해 노력하고, 당신이 가는 길을 이해하고 지지하는 사람들과 함께 어울리자. 주변에 그런 사람이 아무도 없다면 찾아야 한다. 그런 사람을 어디에서 만날 수 있을지 생각해보자. 코칭 세미나에 참석하거나, 소셜 미디어에서 적합한 인물을 찾거나, 관련 강좌를 듣거나 등 이 문제를 진지하게 고민한다면 좋은 사람을 찾을 것이다.

사랑하는 사람이 우리가 하는 여정을 지지해주지 않는다면 몹시 고통스러울 것이다. 자기가 사랑하는 사람보다 더 중요한 것은 세상에 없기 때문이다. 그들과의 관계는 우리가 가진 가장 소중한 것들 가운데 하나이므로, 변화하고 성장하기 시작할 때 그들이 함께해주지 않는다면 우리는 불안을 느낀다. '두려움의 밑바닥에 깔린 거대한 인간적 공포'인 버림받을 것이라는 생각을 불러일으키기 때문이다. 그런데 사실, 자신의 진정한 모습을 꽃피우려면 이런 관계에서 기꺼이 손을 떼야 한다.

관계 정리와 관련한 중요한 참고 사항이 있다. 당신이 사람들과의 관계에서 손을 뗀다고 해서 그들의 존재가 완전히 사라지는 것은 아니다. 하지만 예전의 자신이나 낡은 관계에 매달리면서 그와 동시에 새로운 자신으로 성장하는 일은 불가능하다. 이쪽이든 저쪽이든 하나만 선택해야 한다. 과거에 집착하면서 그 자리에 머물든지, 아니면 과거와 손을 끊고 성장하면서 그들도 당신을 따라오는지 살펴보자.

어떤 관계에서도 다음 두 가지 방향으로 나아가는 모습을 볼 수 있다. 예를 들면, 부부 관계에서 한 사람은 앞으로 나아가고 싶어 하는데 다른 사람은 두려움 때문에 꼼짝도 하지 않아서 결국 헤어지는 경우가 상당히 많다. 그런가 하면, 마음을 열고 성장 가능성을 서로 받아들인 덕분에 상상 이상으로 관계가 긴밀해진 사람들도 보았다. 앞으로 어떤 일이 벌어질지는 아무도 알 수 없다. 당신과 가까운 누군가가 당신이 세운 계획을 보고 질겁하거나 비웃을지, 아니면 그 진실을 깨닫고 위대함으로 향하는 즐거운 여정에 동참할지 누가 확신하겠는가. 주변 사람 모두가 "자기 분수에 맞지 않는 부를 얻었다"라며 당신을 비난할까 봐 꿈을 부정하면서 거대한 도약을 감행하지 않는 것은 시간과 인생을 완전히 낭비하는 태도다. 자기 자신에게 집중하고 흥분해서 온몸이 들썩거릴 만한 일에 집중해야 한다. 자신의 삶을 살지 않는다는 것은 죽은 것과 마찬가지기 때문이다.

두려움에 굴복하는 것은,
미래를 예측할 수 있다는 착각에 빠진 것이다.

우리는 두려움에 휘둘리면서 너무 많은 시간을 낭비하는데, 그런 두려움과 의심이 실제 결과로 나타나는 경우는 거의 없다. 이제는 그것을 깨달을 때도 되었다. 두려움이 아니라 자신의 욕구에 집중하면서, 원래 예정된 대로 모든 것이 제자리를 찾아간다고 믿어야 한다. 당신이 성장하고 변화하는 동안, 낡은 자아의 층이 벗겨지고 상위 성질의 것들에 자리를 내주기 위해 하위 성질의 것들이 사라진다. 그것은 낡은 정체성 일부일 수도 있고, 당신이나 상대방에게 도움이 안 되는 관계일 수도 있다. 여기에서 말하는 '하위 성질'이란 당신이 되고자 하는 존재와 부합하지 않아 더는 쓸모가 없어진 사람과 사물을 뜻하는 것이다. 다시 말해, 당신이 갑자기 모든 사람과 사물보다 우위에 선다거나 더 낫다는 의미가 아니다. 당신이 탈피하는 것이 무엇이든지 간에, 계속 성장하려면 상위 성질의 것들을 위한 공간을 마련하기 위해 하위 성질의 것들은 포기해야 한다.

주파수가 높은 사람과 어울리는 것이 부자가 되는 데 도움이 되는 주된 이유는 다음과 같은 것들이다.

활력을 높여준다

—

매우 감동적인 연사를 듣거나, 자기 사업에 열정을 불태우는 친구와 함께 맥주를 마시면서 근사한 아이디어를 주고받거나, 멋진 사람과 함께 자기가 좋아하는 일을 하면서 아주 즐거운 한때를 보냈다면, 자동차라도 거뜬히 들어 올릴 수 있을 만큼 힘이 불끈 솟는 것을 느낄 것이다. 그리고 주변 사람이 짜증 나는 상사를 욕하거나 우리가 나이 들 때쯤에는 사회보장 제도가 사라질 테니 우린 다 망했다는 등 불평을 늘어놓는 것을 들으면 어떤 기분이 드는지 생각해보자. 마치 바구니에 가득 든 젖은 양말을 당신 무릎에 쏟는 듯한 기분일 것이다. 우리는 활기찬 존재다. 그리고 자신의 삶을 바꾸고 부자가 되려고 할 때 할 수 있는 가장 중요한 일은 자기가 어떤 유형의 에너지를 받아들일지 깐깐하게 고르는 것이다. 당신의 기운을 북돋아 주는 에너지를 가진 사람을 주변에 두면 부자가 될 힘이 생긴다.

신념을 강화한다

—

존경할 만하며 자신감 있고 부에 긍정적인 사람들 곁에 있으면, 당신도 그런 부를 손에 넣을 수 있다고 여긴다. 상황이 아무리 힘들어 보여도 무언가를 아무 의심 없이 믿는 자신만만한 사람이 주변에 있으면, 그것만으로도 당신이 아주 높은 곳까지 도달하도록 해주는 힘이 생긴다.

예전에 친구들과 종종 배낭여행을 다녔는데, 친구들은 나를 유타주 남동부의 황야 지대로 데려가곤 했다. 친구들이 우리가 어디로 향하고 있는지를 어떻게 알았는지, 그리고 어떻게 집으로 가는 길을 찾았는지 난 전혀 모른다. 협곡으로 출발해서 거대한 모래사장을 걷다가 끝없이 펼쳐진 바위를 기어오르기도 하고 강을 따라 하이킹하고 습지를 통과하기도 했다. 그러고는 닷새 뒤에 짠, 하고 차를 세워놓은 곳으로 돌아왔다.

이런 식으로 여행을 다니다가 한번은 여행객들을 협곡 입구까지 차로 데려다주는 여성을 고용한 적이 있다. 차고에서 만난 그녀는, 우리가 가려는 협곡에 방울뱀들이 알을 까는 장소가 있어서 사방에 뱀이 기어 다닌다는 이야기를 해주었다. 친구들은 그 말을 듣고도 전혀 동요하지 않은 모습으로 지프에 짐을 실었다. 나는 공포 영화에서 곧 희생자가 될 사람처럼 안절부절못했다. 방울뱀이 있다고 하잖아! 게다가 알을 깠대! 방울뱀이 엄청나게 많을 거라고! 우리가 갈 협곡에! 이 여성은 그런 무시무시한 정보를 알면서도 협곡 벽만큼 단단하고 억센 모습을 유지했다. 그리고 내 친구들은 그녀가 자기 애완견의 귀여운 행동을 자랑하는 동안 참고 들어준다는 듯한 태도로 이야기가 끝날 때까지 기다렸다. 그러고 나서 협곡에 물을 구할 데가 있는지 아니면 미리 준비해가야 하는지만 물었다.

나는 친구들을 전적으로 신뢰하고 믿었기 때문에, 그들이 방울뱀

독이 혈관에 퍼져나가는 것을 두려워하지 않는다면 나도 두려워하지 않기로 했다. 그리고 이런 신뢰를 바탕으로 친구들 뒤를 따라 협곡으로 들어섰다. 그로부터 엿새 뒤에 방울뱀에게 물리기는커녕 한 번 보지도 못하고 협곡을 나왔다.

믿음은 전염성이 있다. 자기 자신과 당신에 대한 확고부동한 믿음을 가진 사람을 주변에 두어야, 부자가 되기 위한 거대한 도약을 하는 데 도움이 된다.

당신의 실력을 키워준다
—

멋진 방법으로 즐겁게 돈을 버는 사람이 주변에 있으면, 자기에게 어떤 일이 가능한지 깨달을 수 있을 뿐만 아니라 마음을 다잡고 분발하려는 의욕도 생긴다. 반면 주위에 온통 소파에 뒹굴면서 종일 허튼짓이나 하는 사람뿐이라면, 자기 빨래를 끝마친 것만으로도 영웅이 된 듯한 기분이 들지도 모른다.

건전한 경쟁은 매우 바람직하다. 최고의 능력을 발휘하는 사람이 곁에 있으면 당신도 그런 능력을 발휘하고 싶어질 것이다.

더 강력한 존재로 만든다
—

한 지휘관이 다리를 막 건너려는 병사들에게 건널 때는 서로 발을 엇

갈려서 걸으라고 명령했다. 다 같이 발을 맞추어 걸을 경우 그 기세 때문에 다리가 휘어지다가 그대로 끊어질 수도 있기 때문이라는 것이다. 무리를 이루어 다 함께 움직이는 사람들의 동작은 다리를 반으로 쪼갤 만큼 막강한 힘을 만들어낸다. 훌륭한 사람들과 함께 행동하면서 자신의 자원과 아이디어, 인맥, 노하우, 열정을 공유한다면 혼자 노력할 때보다 훨씬 먼 길을 훨씬 빠르게 갈 수 있다. 주변에 관대하고 창의적이면서 생각을 크게 품는 사람이 있으면 부자가 될 기회를 극대화할 수 있다.

진정한 당신을 축복한다

—

절망적인 상황에 처하거나 일이 정말 잘못되었을 때 누가 자신의 진정한 친구인지 알 수 있다고들 말한다. 하지만 나는 당신이 아주 잘하고 있을 때 그 곁을 맴도는 친구들에게 안부 인사를 전하고 싶다. 당신이 절망의 구렁텅이에 빠졌을 때 구해주러 오는 사람은 그 기회를 통해 자기가 남을 돕고 문제를 해결하는 영웅이 된 듯한 기분을 느낀다. 아, 내 말을 오해하지 말기 바란다. 서로를 돌봐주는 것은 우리에게 꼭 필요한 멋진 일이고, 내가 의기소침했을 때 도와준 모든 사람에게 진심으로 감사한다. 하지만 당신이 아주 형편없는 상태에 처했을 때 사심 없이 당신을 격려해주는 친구에 대해 좀 더 이야기해볼 필요가 있다. 특히 친구 본인의 상황도 별로 좋지 않은 경우에 말이다. 당신의 성공은 그들이 자기 삶을 되돌아보면서 지금까지와 다르게 살 수 있는 부분에 대해 생각하게 하는데, 그러면 대개 사람들이 매우 퉁명스러워진다. 어떤 상황에서도 당신을 지지해주고 성공을 축하해주는 사람을 곁에 두어야 한다.

평균 2천 5백 달러 정도이던 월수입을
4만 5천 달러로 늘린 42살 질

내가 직접 판매 회사의 인력 채용 팀에서 최고 실적을 올리는 동안에도, 월수입은 고작 2천~3천 달러밖에 안 되었다. 그래서 회사를 그만두고 직접 판매자들에게 소셜 미디어 전략을 가르치기로 한 뒤 이제 월평균 4만~5만 달러를 번다. 내년에는 이 액수를 두 배로 늘리는 것이 목표다.

직접 판매와 네트워크 마케팅 분야에서는 축적가 정신을 신봉하기 쉽다. 그러니까, '지식과 정보와 인맥은 혼자 몰래 축적해야 해. 만약 남들과 공유한다면 누군가가 나를 상대로 경쟁을 벌이게 될 테니까'라고 생각하는 것이다. 나는 사람들에게 부자의 정신을 가르쳤다. 세상에는 모든 사람을 위한 충분한 사업 기회가 있다. 똑같은 제품을 온라인에서 판매하는 이들이 수천 명이나 되는 상황에서도 긍정적이고 부 지향적인 마음가짐을 바탕으로 좋은 사업 기회를 찾아낸 고객의 사례가 무척 많다.

난 돈을 별로 두려워하지 않았다. 내 문제는 사실 좀 더 전술적인 부분과 관련이 있었다. 어떤 결과가 나오기를 바라는지는 알았지만 그런 결과를 얻기 위해 필요한 도구나 시스템이 무엇인지는 몰랐다. 그래서 그럴만한 돈을 벌기도 전부터 비즈니스 코치에게 투자하고 지원 인력도 채용했다. 나는 신속하게 확장할 수 있는 시스템을 갖추기를 바랐고 결국 뜻대로 되었다. 그리고 이제 내가 일하는 시장의 하층부까지 지원하는 강좌를 만들었기에 연말에 또 코치 수수료를 인상할 계획이다.

나에게는 아주 친한 친구들이 있는데, 그들은 내 치어리더이자 책임 파트너이자 테스트 대상이기도 하다. 나는 평소 명상도 하고 책도 읽고 무서울 때는 울기도 한다. 그리고 이것이 고객들에게 보여주고 싶은 역할 모델의 모습인가 고민한다. 나는 그들에게 용기의 철학을 가르친다. 직접 판매 분야에서는 자신과 똑같은 제품 또는 서비스를 판매하는 수많은 사람과 경쟁을 벌여야 한다. 그렇다면 경쟁자들 속에서 돋보일 수 있는 요소는 무엇인가? 남들보다 용감해야 하고 남들과 달라야 한다. 온라인상에서든 직접 얼굴을 대할 때든 자신 있고 침착한 태도를 유지해야 한다. 20초 동안 비상식적일 정도로 용감하게 행동하는 연습을 하면 놀라운 일이 일어날 것이다. 좋은 비즈니스 코치를 찾아 투자하자. 그들의 조언을 철저하게 따르고, 시스템을 변화시키고, 자기만의 방식에서 벗어나 실천에 옮기자.

남편과 나는 돈이 사람을 행복하게 해주지는 않지만 선택권을 준다고 믿으며 산다. 그래서 우리는 빚을 갚고, 여행을 다니며, 저축하고, 은퇴 후를 위해 투자한다. 하지만 돈이 우리를 변화시켰다고는 생각하지 않는다.

CHAPTER 10

죽도록
일만 해봤자
소용없다

나는 여기저기 돌아다닐 곳도 많고 또래 아이들도 많은 안전한 교외 동네에서 자라는 행운을 누렸다. 우리는 강가에 요새를 짓고, 나무에 둥지를 만들고, 거대한 언덕에서 썰매도 타고, 깡통 차기 놀이를 했다. 그리고 내 여동생과 그 친구들을 벽장에 가둔 뒤 이런저런 지시를 내리기도 했다. 첫째, 땅콩버터 젤리 샌드위치를 두 개씩 가져오는데 빵 껍질은 떼어내고 땅콩버터보다 젤리를 두 배 이상 더 바를 것. 둘째, 팬티를 벗어서 머리에 뒤집어쓸 것. 셋째, 피자 가게에 장난 전화를 걸어서 말로크 부인(길 건너편에 사는 노부인) 댁으로 소시지 칼조네를 두 개 배달해달라고 할 것. 제한 시간은 10분이다. 1분 초과할 때마다 개 비스킷을 하나씩 먹어야만 해.

몇 가지 이유로 우리 집이 활동의 중심지가 되는 경우가 많았는데, 가장 중요한 이유 세 가지는 탁구대가 있고, 어머니가 트윙키 과자를 사다 놓았고, 화상에 관한 책이 있기 때문이었다. 이 책은 아버지가 서재에 쌓아둔 의학 서적 더미에 끼어 있었는데, 거기에는 인간이 겪는 육체적 불행과 관련해 상상할 수 있는 소름 끼치는 사진들이 들어 있었다. 얼굴 절반이 녹아내리고 팔에는 고름이 줄줄 흘러내리는 거대한 농포가 있고 발은 불에 탄 마시멜로처럼 새까맣게 된 채로 병원에 실려 온 사람의 모습을 밝은 조명 아래에서 찍은 사진이었다. 우리는 책 주위에 모여 서서 동전 던지기에서 이긴 사람이 책장을 펼쳐 페이지를 죽 훑어보기도 하고, 유독 섬뜩한 사진 하나를 다 같이 응시하기도 했다. 하지만 1분도 안 되어 책을 쾅 덮고는 목이 터져라 비명을 지르며 집 밖으로 뛰쳐나가곤 했다.

자존심 때문에 인정하고 싶지는 않지만, 난 이 책을 정말 싫어했다. 사진을 볼 때마다 너무 무서웠고 그 사람들이 얼마나 고통스러웠을지 상상하곤 했다. 거울 속에서 내 얼굴이 녹아내린 모습을 발견하는 악몽을 꾼 적도 여러 번이다. 하지만 대부분은 차마 내 눈으로 볼 수조차 없는 고통스러운 모습들이었고, 지금도 나는 나에게 생긴 것이든 다른 사람에게 생긴 것이든 아주 작은 상처만 보아도 몸이 굳어버린다. 가장 최근에 있었던 사고는 엄지발가락 발톱 전체가 떨어져 나가면서 발가락이 엄청나게 부어오른 일이다. 의사는 발가락의 피를 씻어내고 엄청난 양의 거즈를 칭칭 감은 뒤 테이프로 고정했다. 덕분에 몇 주 동안 발 앞쪽에 망치를 단 듯한 모양을 하고 돌아다녔다. 합리적인 성인이었다면 2~3일 뒤에 거즈를 풀고 연고와 간단한 반창

고로 대체했을 것이다. 하지만 난 더러운 거즈를 떼어내고 끔찍한 상처 부위와 직면하는 상황을 피하려고 계속 절뚝거리고 다니면서 샤워할 때는 발에 비닐봉지를 씌우고 가급적 발가락 부분이 뚫린 신발만 신고 다녔다.

이것은 무일푼인 사람들이 돈 문제에 부딪혔을 때 주로 하는 행동이다. 층층이 쌓인 더께를 벗겨냈을 때 그 아래에서 마주할 현실에 대처할 자신이 없기 때문이다. 그래서 추레하고 불건전한 돈과의 관계를 보이지 않게 가린 채 절뚝거리며 돌아다니는 것이다. 하지만 감추어진 진실과 정면으로 마주하며 거기에 관심을 기울이고 문제를 해결하면 이 고문과도 같은 시간을 종식할 힘을 얻는다. 그것이 돈을 더 원하는 것에 대한 죄책감이든 부적절한 투자든 부자가 되기 위한 형편없는 계획이든 간에 말이다.

고통을 피하려는 시도가 오히려 역효과를 낳아 계속 우리를 괴롭힌다. 우리는 부자가 되는 것에 따르는 부끄러움이나 이상한 기분을 느끼고 싶지 않다는 이유로 계속 빈털터리인 채로 살면서 돈이 부족한 생활에 부끄러움과 이상함을 느끼는 것이다. 또 많은 돈을 관리하는 데 따르는 스트레스를 느끼고 싶지 않기 때문에, 계속 빈털터리인 채로 살면서 돈 문제로 늘 스트레스를 받는다. 돈이 우리 삶의 중심이 되는 것을 원치 않고 그 외의 다른 것들이 훨씬 더 중요하다고 여기기 때문에 계속 빈털터리인 채로 살면서 제대로 된 돈을 만져보지 못한다. 그 결과 다른 무엇보다 계속 돈 생각만 하고 돈 걱정만 하게 된다.

우리는 자신을 고통으로부터 보호하려다가,
결국 피하려고 했던 바로 그 고통을 야기하는
행동을 끊임없이 반복한다.

평범한 사람은 자기가 인생에서 정말 원하는 것이 무엇이고 거기에
비용이 얼마나 들며 그 소원을 이루기 위해 수입을 늘리려면 어떻게
해야 하는지 알아내는 것보다, 완벽한 셀카를 찍을 수 있는 완벽한
각도를 알아내는 데 더 많은 시간을 할애하기도 한다. 이것은 무엇이
든지 회피하는 것을 좋아하는 성향 때문이다. 나도 내가 얼마나 빈털
터리고 얼마나 절망스러운 상황인지 한탄하고, 도저히 여기서 빠져
나갈 방법이 보이지 않는다고 욕하면서 몇십 년을 보낸 사람이다.

나는 현실 부정의 여왕이었다. 매달 지출하는 돈이 얼마인지, 또 매
달 버는 돈은 얼마인지 전혀 몰랐다. 그냥 눈을 질끈 감고 현재 상황
에 꼭 매달려서 월말의 어느 날 눈을 떴을 때 전화가 끊겨 있지 않기
만을 바랐다. 사람들 대부분이 그렇듯 내가 프리랜서 작가로 악착같
이 일하는 이유는, "그게 내가 하는 일이니까" 그리고 "돈 버는 방법은
그것밖에 모르니까"이다. 글쓰기 일감을 더 얻으려고 고생하지 말고
차라리 한발 물러나서 계산해본 뒤 내가 완전히 막다른 상황에 처했
다는 것을 인정했으면 내 시간을 훨씬 유용하게 사용할 수 있었을 것
이다.

우리는 계속해서 더 열심히 일하면 어떻게든 돈이 생길 것이라고

배운다. 이 말이 사실이라면 부유한 사람은 모두 요트를 타고 유유자적 돌아다니는 것이 아니라 눈이 잔뜩 충혈된 채로 헐떡거리며 일만 하고 있어야 한다. 죽도록 일하는 데만 신경을 쓰는 것이 아니라 돈에 집중하면서 돈을 얼마나 더 벌고 싶고 그것을 위해 지금까지와 다르게 할 수 있는 일이 무엇인지 명확하게 밝힌다면, 새로운 자유로 향하는 문이 열릴 것이다.

사람의 발목을 잡는 가장 흔한 원인은
변화에 대한 저항감이다.

자신이 처한 금전적 상황을 변화시키고 싶다면 무언가를 바꾸는 일에 적극적인 태도를 보여야 한다. 아주 간단한 일이다. 자존심을 잠깐 내려놓고 멘토나 코치에게 도움을 청해야 할 수도 있고, 원하는 목적지에 다다르기 위한 디딤돌로 자기가 바라는 꿈의 직업이 아닌 다른 직업을 택해야 할 수도 있다. 또 고객들에게 청구하는 요금을 3배로 올려야 하는 경우도 있고, 당신의 이름도 모르는 사람들에게 영업 전화를 걸거나, 방법조차 모르는 일에 뛰어들어서 일을 배워나가야 할 수도 있다. 위험을 감수하지도 않으면서 부자가 되고 싶어 한다면, 그렇게 위험을 피하는 태도를 당장 버려야 한다. 자기가 현재 처한 위치와 염려가 있는 것에 집중하지 말고, 앞으로 올라가고자 하는 위치와 거기에서 얻을 모든 것에 생각을 전념하자. 지지 않기 위해서가 아니라 이기기 위해서 노력해야 한다는 이야기다.

예를 들어, 내가 아는 사람 중에 지구상에서 가장 지루하지만(그의 표현에 따르면) 안정적이고 보수가 좋은 일을 하는 사람이 있다. 그는 부업으로 자기가 좋아하는 미디어 교육 일을 하는데, 별다른 노력도 기울이지 않는 이 부업이 급성장하고 있다. 매우 유능한 사람이라 입소문만으로도 감당할 수 있는 양 이상의 일감이 들어온 것이다. 그는 본업을 유지하면서 동시에 새로운 고객을 받아들일 여력이 없었기 때문에 찾아오는 사람들을 돌려보내야만 했다.

돈도 더 벌고 자기가 좋아하는 일을 하고 싶다는 생각이 간절했지만 현재의 생활에 꼼짝 못 하게 갇힌 듯한 기분을 느꼈다. 본업의 경우 봉급 인상률이 1년에 3퍼센트를 넘은 적이 없고, 시간도 넉넉하지 않아서 미디어 교육 고객과 함께 일하는 것은 부업으로만 가능했다. 물론 그는 본업을 그만두고 용감하게 자기 사업을 시작해서 미디어 교육 사업으로 수백만 달러를 벌어들일 수도 있었다. 하지만 미래에 대한 두려움과 알 수 없는 미래를 위해 안정적인 직장을 그만두는 것은 바보나 하는 짓이라는 믿음에 사로잡혀 있었다. 그래서 이런 일이 가능하리라고는 생각조차 하지 않았다. 그는 준비되지 않았고, 언제든 경제 상황이 안 좋아질 수 있는데 풀타임으로 미디어 교육 일을 할 경우 지금의 본업만큼 돈을 못 벌면 어떡하나 걱정했다. 물론 그가 도약을 감행할 경우 백 퍼센트 성공하리라는 보장은 없다. 하지만 새로운 시도를 하지 않는다면 소중한 날을 대부분 자기 책상에 엎어져 자다가 빰에 키보드 자국을 남기며 깨어나는 식으로 보내리라는 것은 확실하다.

콜럼버스가 처음 신대륙에 도착했을 때, 신대륙의 원주민들은 바닷가에 서서 그들을 바라보면서도 정작 함대는 보지 못했다는 이야기가 있다. 배라는 것을 본 적이 없기 때문이다. 사람이 물 위에 뜰 수 있다는 것은 원주민들에게 너무나 낯선 개념이라서 자기 앞에 나타난 것이 무엇인지 제대로 이해하기까지 시간이 걸렸다. 그래서 처음에는 말 그대로 바다 이외에는 아무것도 보지 못한 것이다.

사람들 대부분도 돈을 벌기 위해 무엇을 해야 할지 궁리할 때 이런 곤란을 겪는다. 그들은 현재 처한 현실의 관점에서 자기 인생을 바꾸려고 한다. 새로운 기회가 너무 낯설게 느껴져서 그것을 제대로 보지도 못하고 이해하지도 못하기 때문이다.

생각을 바꾸면 삶도 바뀐다.

지금부터 당신의 소득 흐름을 극대화하는 데 도움이 되는 시나리오를 다섯 가지 정도 다룰 예정이다. 그러니 제대로 잘 해내고 싶다면 무슨 일이 있어도 마음가짐을 현재의 위치 너머로 확장해야 한다는 것을 명심하자. 잠에서 깨어나 자기가 '현실'을 어떻게 인식하는지 깨닫고, 새로운 관점을 얻기 위해 외부의 도움을 받고, 믿을 수 없는 것을 믿어야 한다. 계속 돈 문제 때문에 고민하는 사람들은 대부분 자기 일을 제대로 못 하거나 미래의 전망이 없기 때문이 아니라 생각을 확장하지 않았기 때문이다.

시나리오들 가운데 어떤 것이 본인에게 적용되는지 여부와 관계없이 모두 읽기 바란다. 어디에서 인생을 송두리째 바꿀 아이디어를 얻을지 알 수 없는 일이다.

자기 사업을 시작한다

—

나는 20년 넘게 기업가로 일해왔기에 다른 방식으로 살아간다는 것은 상상할 수도 없지만, 모든 사람이 다 그런 것은 아니다. 자기 사업을 시작하는 것에 대해 여러 사람과 함께 논의한 장단점을 몇 가지 살펴보자. 우선 장점은 이렇다.

- 얼마나 많은 돈을 벌 수 있는지, 또 얼마나 크게 성장할 수 있는지에 제한이 없다. 소형, 중형, 대형 중에서 자기가 선택하기 나름이다. 본인이 모든 것을 결정할 수 있다. 이익도 전부 본인에게 돌아간다.
- 자신의 생활 방식을 직접 설계하고, 일하는 시간이나 방식, 함께 일하고 싶은 사람도 직접 선택할 수 있다. 회사를 운영하면서 세계 여행을 할 수도 있고, 자기 집 주방에서 친구들을 고용해 목욕 가운을 입고 일할 수도 있다.

- 본인이 사장이다. 결정도 본인이 하고, 승리의 기쁨도 본인의 것이며, 모든 직원이 회사에 개를 데려와야 한다는 규칙도 당신 마음대로 정할 수 있다.

그렇다면 단점에는 어떤 것들이 있을까.

- 본인이 사장이다. 모든 책임을 져야 하고, 위험 부담도 전부 감수해야 하며, 회사가 위태로운 상황에 처하는 경우에도 알아서 해야 한다.
- 회사 내 체계라고는 본인이 직접 만든 것밖에 없으므로, 규율이 아주 엄격해야 한다.
- 혼자 일하는 경우가 많은데, 특히 사업 초창기에는 그럴 확률이 더 높다. 대부분 시간을, 컴퓨터 앞에 혼자 앉아서.

혼자서 사업에 뛰어들기로 했다면?

- 자기를 들뜨게 하는 일과 성격에 맞는 일이 무엇인지, 그리고 당신의 흥미를 끄는 제품이나 서비스를 제공하는 사람이 누구인지 유심히 살펴보자. 가급적 많은 세부 정보를 파악해서 자기도 그와 관련된 사업을 할 수 있을지 확인해야 한다.
- 아이디어를 얻는 또 다른 좋은 방법은 자기나 다른 사람이 자주

늘어놓는 불평에 귀를 기울이는 것이다. 또 현재 존재하는 제품과 서비스에서 부족한 것들이 무엇인지 생각나는 대로 적어둔다. 다 적었으면, 그 가운데 사업으로 전환 가능한 마음에 드는 아이템이 있는지 살펴보자.

계산해보자. 자신의 아이디어가 수익성과 성장 잠재력이 있는지 확인해야 한다. 정말 들뜬 마음으로 사업을 시작했지만 수익 창출보다 본인의 열정에만 집중한 나머지 돈을 거의 벌지 못하거나 오히려 손해만 보는 사람을 정말 많이 보았다. 물론 둘 다 중요한 것은 사실이지만, 사업이 아닌 취미 생활을 하고 싶은 것이라면 그냥 취미로만 하기 바란다. 돈을 벌 수 있는 사업을 원한다면, 벌고자 하는 액수는 얼마이고 그 돈을 어떻게 벌 것인지에 대한 명확한 계획이 있어야 한다. 좋아하는 일을 하면 돈은 저절로 따라온다, 라는 말은 쿠션에 새기기에는 좋을지 몰라도 은행 계좌에는 별로 도움이 되지 않는다.

대출을 받기 위한 용도가 아니라면 사업 계획서 같은 것은 별로 필요가 없다. 하지만 나는 사업과 관련해서 가능한 모든 수입과 지출, 계획, 목표 시장 등을 명확하게 정리해서 적어두는 것은 좋다고 생각한다. 이것은 한두 페이지 안에 정리할 수 있으니까 말이다. 원래 간단할수록 더 좋은 법이다.

• 자신의 시간을 최대한 활용하자. 세상에 당신이란 존재는 한 명

뿐이고 하루는 단 24시간뿐이다. 만약 당신이 오프라인 소매상을 운영한다면 온라인 판매도 하는가? 지금 당신이 하는 일을 대신할 사람을 고용할 수 있는가? 당신의 서비스를 일대일뿐만 아니라 단체에게도 제공할 수 있는가? 시간을 잘 활용하면 일은 적게 하면서도 돈은 더 많이 벌 수 있다. 그리고 성공한 사람들은 다 그렇게 한다.

- 한 가지 일에 집중하자. 두 가지 프로젝트를 동시에 시작하거나 자신의 집중력과 시간을 어떤 식으로든 쪼개려고 해서는 안 된다. 기업가는 대부분 정말 창의적인 사람인데, 이는 마케팅 이메일을 35통이나 써야 할 때는 아주 많이 도움 되는 재능이지만 사업을 처음 시작할 때는 위험한 존재다. 아주 훌륭한 사업 아이디어가 떠올라서 거기에 공을 들이기 시작한 순간, 다른 아주 괜찮은 아이디어가 몇 개 더 떠오를 것이라고 장담할 수 있다. 주의력을 분산해 한 번에 한 가지 이상의 일을 시도할 경우 전부 다 망할 것이 자명하다. 비행기는 이륙할 때 연료의 40퍼센트를 사용한다고 한다. 이와 마찬가지로, 어떤 일이든 시작할 때는 자신의 에너지와 집중력을 모두 쏟아부어야 한다. 새로운 사업이 제대로 돌아가기 시작해도 계속 관심을 기울여야 하는 것은 당연하지만, 그래도 어느 정도 추진력이 생긴 상태에서는 다른 아이디어를 생각할 여유가 생긴다. 하지만 사업이 제대로 굴러가면서 수익을 내기 전에는 다른 사업을 시작하거나 규모가 큰 다른 프

로젝트를 해서는 안 된다.

- 필요한 일은 무엇이든지 다 하자. 음반 회사에 다니던 시절에 함께 일한 친구가 있는데, 그 친구는 직접 브랜딩 회사를 시작하고 싶어서 열심히 노력했다. 하지만 음반 회사의 크리에이티브 디렉터라는 본업 때문에 바빠서 도저히 시간을 낼 수가 없었다. 그래서 음반 회사를 그만두고 꿈꾸는 회사가 제대로 굴러가기 전까지 바텐더 일을 하기로 했다. 그런데 그녀가 찾을 수 있었던 유일한 일자리는 방금 그만둔 회사의 바로 길 건너편에 있는 술집이었다. 친구는 자기 밑에서 일하던 인턴사원들에게 알랑거리고 술을 따라주기도 하면서, 결국 자기 사업으로 수백만 달러를 벌어들였다.

- 영업을 잘해야 한다. 안되었지만 당신이 사업한다면 그것은 곧 무언가를 판다는 뜻이다. 따라서 영업 없이는 아무 일도 진행되지 않는다. 관련 강좌를 듣고, 자기가 잘하는 영업 부문을 찾아내고(생각보다 훨씬 깊이 있는 분야다), 연습해서 다양한 기술을 익히고, 사업은 다 좋은데 영업만큼은 예외라고 떠들어대는 것을 중단하자.

자기 사업을 더 성장시키고 싶다
—

- 코치를 고용하거나 멘토를 구한다. 내가 계속 이 이야기만 강조해서 넌더리가 나는가? 코치와 멘토는 내가 이 책 전체에서 부르

짖은 기회, 숲속에 있으면서도 나무를 보지 못하는 당신의 가시 범위 밖에 존재하는 기회를 볼 수 있는 사람들이다. 코치와 멘토는 당신보다 더 멀리까지 나아가고, 산꼭대기에 앉아 당신이 저 아래에서 허우적대는 모습을 지켜본다. 그들은 당신이 생각해내려면 3년은 걸릴 일을 28초 정도 만에 알아낼 수 있다.

- 자기 사업에서 가장 많은 수익을 올리는 부문이 어디인지 명확하게 파악하자. 실시간 이벤트인가? 제품인가? 가격이 비싼 일대일 서비스인가? 제대로 알아내서 그 분야를 잘 공략해야 한다.

- 아직 위임하지 않은 일들을 위임하자. 많은 기업가가 겪는 심각한 문제 가운데 하나는 사업을 주도하는 것이 아니라 질질 끌려다닌다는 것이다. 우리는 새로운 아이디어를 개발하고 확장하는 데 시간을 들인다는 것이 사치처럼 느껴질 정도로 매일매일 정신없이 살아간다. 하지만 그것은 사치가 아니다. 성장은 당신이 하는 사업에서 가장 흥미롭고 중요한 부분 가운데 하나다. 모든 일을 자기 혼자 해내야 하는 척하지 말고, 과감하게 결단을 내려서 도와줄 직원을 더 고용하자.

- 파트너십, 합작 투자, 투자자, 기타 당신의 성장을 도와줄 사람을 찾아보자.

- 수동적인 수익 흐름(한 번 일하고 그것으로 계속 돈을 버는 것)을 만들어낼 수 있는 곳을 찾자. 세미나를 진행하는 모습을 촬영해서 DVD나 다운로드 파일을 만들어 판매할 수 있는가? 책을 쓰거나 다른

유형의 제품을 만드는 것은? 다른 사람 회사에 투자하는 것은 어떨까? 수동적 수익은 사업을 성장시키는 데 꼭 필요하다. 해변에서 마가리타를 마시는 동안에도 당신 은행 계좌로 돈이 흘러 들어가게 할 수 있기 때문이다.

지금 하는 일이 너무 싫고 죽을 만큼 지겹다
—

- 깨어 있는 시간 대부분을 투자해서 하는 일을 싫어하거나 지루해한다는 것은 말도 안 되는 일이니 반드시 그만두어야 한다. 하지만 그만두기 전에, 당신이 생계를 유지하도록 도와주고 꿈꾸는 직업으로 인도해준 이 일에 감사해야 한다. 그리고 다섯 번째 시나리오를 참고하라.

좋아하는 일을 하지만 돈을 별로 못 번다
—

- 급여 인상을 요구하자. 자기가 급여를 올려달라고 요구할 자격이 있다고 생각하는 이유를 명확하게 밝히고, 지금까지 회사에 한 수많은 기여와 당신이 대체 불가능한 소중한 자원인 이유를 전부 나열한다. 당신이 참여한 덕에 회사 매출과 사기, 이미지, 평판이 높아진 사례를 조사한다. 당신이 회사에 제공할 수 있는 기술이나 아이디어, 장점 가운데 회사 측에서 아직 활용하지 않

았거나 알아차리지 못한 것이 있는가? 상사와 함께 당신의 승진을 위한 일정과 경로를 계획할 수도 있을 것이다.

자기가 어느 정도 액수의 가치가 있는 사람인지 파악해서 자신감 있고 감사하는 태도로 급여 인상을 요구한다. 회사 측이 급여 인상 요구에도 꿈쩍하지 않아서 불만이 쌓인다면 더 나은 급여를 제공하는 다른 회사나 조직을 찾아야 할 때가 온 것이다. 계속 지금 상태에 머무르면서 씁쓸한 기분을 느끼는 것은 절대로 선택 사항일 수 없다.

• 자기만의 승진 기회를 찾자. 지금 일하는 회사 내에 당신의 관심을 끌고 급여도 더 높은 자리가 있는가? 만약 있다면 거기에서 일하는 사람들과 이야기를 나누고 책임자가 누구며 어떤 일이 따를지 알아낸 뒤, 그 자리로 승진하는 것을 목표로 삼자. 지금 다니는 회사가 내부에서 승진 인사를 진행하지 않는 경우에는 결국 회사의 업무 처리 방식에 따를 수밖에 없으니 어쩔 수 없지만, 그런 식의 승진이 가능한 경우에는 사생결단의 자세로 덤벼야 한다.

• 자기 업계에 대한 정보를 모두 파악해서, 다른 곳에서 당신과 똑같은 일을 하면서 돈을 더 버는 사람이 있는지 알아보자. 만약 있다면 돈을 더 많이 주는 다른 회사에서 일자리를 얻자.

• 자기만의 업무를 설계한다. 회사 내에서 해야만 하는데 하지 않은 일을 찾아냈다면, 혼자서 새로운 일자리를 만들어보자. 그 일

이 어떤 식으로 회사에 이익을 안겨주고 많은 돈을 벌게 해줄지 멋지게 설명한 뒤, 당신이 그 일을 하면서 받고자 하는 봉급을 제시한다. 결과가 어떻게 될지 누가 알겠는가. 한번 시도해보자.

- 일정액의 급여를 받는 현재의 방식을 업무 성과에 따른 커미션을 받는 방식으로 바꿀 수 있는지 알아보자. 급여에는 한계가 있지만 커미션은 그렇지 않다.

- 소득을 추가하자. 좋아하는 일 가운데 수익성이 좋고 부업으로 할 수 있는 일을 찾아보자. 스트레스를 받으면서 과로하라는 이야기기는 아니다. 그러나 지금 하는 일을 정말 좋아하지만 조만간 급여가 두 배로 늘어날 가능성이 없다면 그 상황을 받아들이고 지금의 소득 수준에 머물든지, 그만두든지, 여분의 수입을 얻을 수 있는 다른 일을 찾아야 한다.

실업 상태라서 일자리를 찾고 있다
—

- 자기가 꿈꾸는 직업과 관련된 중요한 세부 사항을 모두 적는다. 돈을 얼마나 벌 것이고, 어떤 사람과 함께 일할 것이며, 그 일을 할 때 어떤 기술을 활용하고, 일할 때는 무슨 옷을 입으며, 일하러 갈 때의 기분은 어떤지 등 생각나는 것은 전부 적어보자. 꿈의 직업을 아주 현실감 넘치게 그려서 눈으로 보고 또 몸으로 느낄 수 있게 하는 것이다. 밤낮으로 이 이미지와 느낌을 명상하고, 그

것이 당신을 향해 다가오고 있다고 굳건하게 믿으면서 말을 조심한다. "일자리 찾기가 너무 힘들어, 미쳐버릴 것 같아, 경제가 너무 안 좋아, 난 나이가 너무 많아, 일자리를 찾기도 전에 늙어죽을 거야, 내가 금방이라도 눈물을 터뜨릴 것처럼 생겼어? 그래서 아무도 날 고용하지 않는 걸까?" 같은 말도 안 되는 소리를 절대 해서는 안 된다. 자신의 생각과 말과 믿음과 감정을 원하는 일자리와 일치시키고, 그것을 얻을 때까지 멈추지 말아야 한다.

- 당신이 원하는 일자리도 똑같이 당신 같은 인재를 찾는다는 것을 기억하자.

- 일자리를 얻기 위해 할 수 있는 모든 일을 해야 한다. 당신이 구하는 일자리를 아는 사람 모두에게 이야기하면서 다른 사람에게도 전해달라고 부탁한다(특히 평소에 무서워해서 말하는 것이 꺼려지는 사람에게도 꼭 이야기해야 한다). 또 온라인 구직 사이트에 이력서를 등록하고, 해당 업계에서 일하는 사람과 이야기를 나누면서 조언을 부탁하고, 헤드헌터를 고용하자. 할 수 있는 일을 다 하고 거기에 몇 가지 더해야 한다. 당신의 일자리는 여기에 있다. 만약 그 일자리가 아예 존재하지 않는다면 당신은 그것에 대한 열망을 품을 수 없다. 그러니 그것이 눈앞에 나타날 때까지 믿음을 굳건하게 유지하고, 주파수를 높이고, 감사의 마음을 품으며, 마음을 활짝 열고, 노력을 멈추지 말자.

- 디딤돌을 이용하자. 당신이 찾는 일자리가 당신을 발견하기까지

시간이 좀 걸린다면, 좀 더 가까이에 있는 일을 받아들이는 것도 한 가지 방법이다. 물론 아주 완벽하지 않을지도 모르지만 그것을 통해 원하는 세계로 들어갈 수 있다면 그 기회에 달려들어야 한다. 이를 테면, 에이전트가 되고 싶다면 먼저 인턴으로 일하고, 카피라이터가 되고 싶다면 광고 대행사에서 총무로 일해야 만나고 싶은 사람들이나 배워야 하는 기술과 접할 수 있다. 가능한 모든 것을 배우고, 최대한 많은 사람을 만나고, 계속 소중한 목표를 주시하면서 최선을 다하자.

어떤 경로를 택하든 간에, 부자가 되고 싶다면 반드시 해야 하는 중요하고 기본적인 일이 몇 가지 있다.

지금 돈이 얼마나 있는지, 어떤 소득이 있는지(수입, 투자, 로열티 등), 생활을 꾸려가려면 매달 돈이 얼마나 필요한지, 그리고 돈이 어디로 나가는지 등을 명확하게 알아야 한다. 또 돈을 존중하고 높이 평가해야 한다. 자기가 가진 돈에 관심을 기울이고 그것이 당신의 삶에 안겨준 모든 근사한 것에 감사하자.

혼란스럽거나 당황해서 어찌할 바를 모르겠다면 재무 설계 전문가, 회계사, 회계 장부 담당자 등 돈 관리를 도와줄 전문가를 고용하자. 무일푼 친구들에게 재정적인 조언을 구하면 안 된다! 제발, 자기가 하는 일에 대해 잘 아는 사람에게 의지하기 바란다.

재무 설계 전문가를 고용해서 퇴직 연금, 투자 자금, 저축 계좌 등을 만들어, 돈이 쏟아져 들어오기 시작할 때 그 돈을 넣어둘 장소를 미리 마련해야 한다. 전에는 한 번도 많은 돈을 벌어본 적이 없다면 돈이 생겨도 그 돈으로 무엇을 해야 할지 몰라서 혼란스러울 수 있고, 그런 당혹감 때문에 정신적으로 돈을 몰아내려고 할 수도 있다. 둥지를 미리 준비해두면 좀 더 자신감이 생기고 부자가 된다는 것이 즐거워진다.

- 설령 실패하더라도 너무 기분 나쁘게 받아들이지 말자. 자존심은 버리고 호기심을 앞세워야 한다. "흠, 왜 이런 일이 생겼을까? 뭔가를 다르게 해야 했던 걸까?"라는 태도로 실패에 접근하는 것이다. 실패 좀 했다고 눈물 콧물 다 짜는 비운의 드라마를 찍거나, 그 실패를 자기는 멍청하고 운도 나빠서 원하는 것을 절대 못얻을 증거로 삼는 오류를 범해서는 안 된다. 부자가 되겠다는 갈망만 있으면 길은 반드시 나타난다.
- 애매하게 행동하지 말자. 지금 당장 자신의 소망에 따라 행동해야 한다. 절박한 마음을 안고 부로 향하는 길을 가지 않는다면 산만함과 게으름, 제한적인 생각, 질질 끄는 습관, TV 중독 등으로 인해 실패하고 만다. 집중력을 높이고, 능력을 최대한 발휘해 매일 최선을 다해야 한다. 금전적인 목표를 빨리 달성할수록 부를 누릴 시간이 더 길어진다는 것을 기억하자.

급박함은 서두름과는 반대되는 개념이다. 서두르는 태도는 무언가가 부족한 상황과 모든 사람에게 돌아갈 것이 충분하지 않다는 공포감에서 비롯한다. 그러면 압박감을 느끼고 실수를 저지르며, 동료들과 비교하고 경쟁하는 지경에 이른다. 그렇게 서두르다 보면 스트레스와 걱정이 심해져서 다른 사람에 대한 불쾌한 소문을 퍼뜨리거나 경쟁자의 의자에 껌을 붙여놓는 등의 행동을 하고 싶은 기분이 든다. 다시 말해 서두르는 바람에 주파수가 낮아지는 것이다. 그에 비해 급박함은 당신을 일으켜 세우고 활력과 집중력, 추진력을 안겨준다. '내가 바라는 삶이 이미 존재한다고 믿어, 그러니까 이제 앞으로 나아가면서 눈앞의 기회를 놓치지 말아야지'라고 생각하는 것이다. 자기가 부자가 되고자 하는 '이유'를 늘 생각하면서, 기운을 북돋아 주는 일에 참여하고 적극적인 사람들과 어울리자.

공식 교육은 미용 학원에서 받은 것뿐이지만
마케팅 전문가로 성공한 50살 린다

나는 미용사로 경력을 쌓다가 마케팅 전문가가 되었다. 현재 마케팅 대행사를 운영하는데 매년 제공하는 서비스 용역에 대해 약 150만 달러 청구서를 발행한다. 나는 언제나 내가 성공할 것이라고 믿었고, 이는 대학에 진학하는 대신 미용 학원을 택했을 때도 마찬가지였다.

내 좌우명은 "한계는 자신이 만드는 것"이다. 친한 친구 한 명이 20대 초반에 세상을 떠났다. 그때부터 나는 인생을 낭비하지 않기로 했고 어떤 일이든 완벽한 확신을 가지고 뛰어들기로 했다. 난 누구보다 오랜 시간 일에 매진했으며, 일을 마무리하기 위해서 필요한 것이라면 무엇이든지 다 했다. 초반에는 눈도 깜박하지 않고 하루 16시간씩 일하기도 했다. 일을 더 배우려고 쉬는 날에도 출근해서 상사들 뒤를 '그림자처럼 따라다녔다.' 협상을 진행하는 모습을 지켜보면서, 내 직급이나 급여 수준을 훨씬 뛰어넘는 지식을 얻었다. 그리고 내가 직접 회의를 진행하고 거래를 마무리 짓는 모습을 상상하기도 했다. 성공한 전문가가 된 내 모습을 늘 마음속에 그렸다.

실제로 미용사로서 큰 성공을 거두었지만, 그것이 내가 정말 하고 싶은 일은 아니라는 것을 알았다. 몇 달 정도 버틸 수 있는 돈을 저축한 뒤, 자동차에 짐을 싣고 원래 살던 곳에서 약 2천 킬로미터나 떨어진 곳으로 이사했다. 다들 내가 미쳤다고 말했다. 하지만 이렇게 거처를 옮긴 덕분에 유니버설 스튜디오에서 VIP 투어 가이드 일자리를 얻었다. 그리고 수많은 유명 인사와 영화사 임원, CEO 등과 시간을 보내는 즐거움을 누렸다. 재미있는 것은, 그러다가 그만 빈털터리가 되었다는 사실이다! 미용사 일이 벌이는 훨씬 좋았던 것이다.

투어 가이드라는 유리한 위치를 이용해서 나에게 적합하다고 판단되는 마케팅 부서를 정확하게 찾아냈다. 거기에서 진행한 수많은 특별 이벤트들……. 그러니까 기본적으로 생계를 위해 파티를 열어야 하는 상황이 된 것이다. 그래도 시간이 지남에 따라 봉급은 꾸준히 올랐다.

나는 내가 성공하리라는 사실을 절대 의심하지 않았다. 실패하리라는 생각을 해본 적은 한 번도 없다. 그냥 자신을 믿으면서 장애물을 극복하기 위해 열심히, 정말 열심히 노력했다. 성공할 수 있다고 믿지 않으면, 성공할 수 없다. 나는 온갖 역경을 이겨냈다. 그리고 지금은 하버드대학교 출신의 변호사들이 내 의견을 묻는다. 때로는 혼자 웃음 짓기도 한다. 미용 학원에서 받은 교육이 내가 받은 공식 교육의 전부라는 사실을 알면 다들 어떤 표정을 지을까.

CHAPTER 11

성공할 수 없다는
두려움에
직면하더라도

1980년대 초, 당시 별로 유명하지 않았던 가수 프린스가 당대 최고의 인기를 누리던 롤링 스톤스의 공연에서 워밍업 공연을 할 가수로 초대를 받았다. 이것은 엄청난 기회였으니 프린스는 정말 말도 못 하게 흥분했을 것이다. 하지만 그가 트렌치코트와 몸에 꼭 맞는 검은색 비키니 팬티만 입고 무대에 오르자 관객은 야유를 퍼부었다. 정말 큰소리로. 엄청난 야유를. 관객은 프린스가 무대에서 내려갈 때까지 야유를 멈추지 않았다. 또 그를 향해 이런저런 물건을 던지거나 욕하기도 했다.

다음 공연 날에도 프린스는 또다시 속옷 차림으로 무대 위를 활보했고, 전날과 마찬가지로 롤링 스톤스의 팬들에게 심한 대접을 받았다. 다만 이번에는 야유와 신발짝이 사방에서 날아오는 무대를 내려가면서 한 가지 결심했다. 그 순간에 그가 한 결심은 바지를 사러 가야겠다는 것이 아니었다. 다른 사람들이 자기에게 기대하는 모습에 순응하거나 자신의 본모습을 이해하지 못하는 이들을 이기려고 애쓰는 대신, 다시는 다른 가수의 워밍업 무대에 서지 않겠다고 다짐했다. 제아무리 대단한 롤링 스톤스라도 말이다.

꽉 끼는 검은색 팬티 안에 거대한 용기가 감춰져 있었던 모양이다.

프린스는 세계를 활보하던 가장 재능 있는 음악인 가운데 한 명이었다. 그런데 그거 아는가? 당신 안에도 그만큼 독특한 재능과 능력이 잠재되어 있다. 프린스가 전혀 미안한 기색 없이 자신의 재능을 뽐내며 활보했던 것처럼 당신도 자신의 '나다움'을 존중하고 키우고 뽐내야 한다. 자신의 멋진 자아와 조화를 이루고 자신을 깊이 사랑할수록 당신을 좋아하지 않는 이들이 어떻게 생각하든 신경을 안 쓰게 된다. 그리고 자신을 뽐내거나 즐거움을 찾거나 돈의 선량한 힘을 마음껏 즐기기가 더 쉬워진다.

부자가 되거나 자신의 다른 꿈을 실현하는 데 성공할지는 본인이 어떤 사람인지에 달렸다. 당신이 생각하고 말하고 믿고 상상하고 나아가는 방식, 그리고 자신의 세계를 인식하는 방식이 행동에 영향을 미친다. 자신의 자아를 사랑하고 그것과 깊이 연결되어 있으면, 일을 망치는 것에 대한 불안감, 돈이 줄어드는 것에 대한 두려움, 무대에 서 있는데 어디선가 날아와 얼굴을 맞힌 신발에 대한 분노 등이 본모습과 관련이 없다는 것을 깨닫는다. 그런 분노는 지금 처한 상황에 대한 것일 뿐이다.

당신은 항상 도전과 두려움에 직면한다. 우리는 마찰을 통해 성장하고 배우며 심지어 우리 내면에서도 마찰이 일어난다. 따라서 우리가 할 일은 불편한 순간이나 성가신 도전이나 거울 속에 비친 힘들고 지친 모습을 자기 삶에서 아예 없애려는 것이 아니라 대응하는 기술을 익히는 것이다. 자신의 생각과 행동을 인식하고 그에 따라 책임질 수 있도록 말이다. 그리고 평생 질질 끌고 다니던 낡고 지겨운 저 주파수 패턴을 계속 고수하게 만드는 반사적인 본능도 가로막아야 한다. 다이어트를 시작해서 살을 많이 뺐지만 얼마 안 가서 원래대로 다시 찌거나, 복권에 당첨된 사람들이 결국 예전의 금전 상태로 돌아가거나, 새해 결심이 2월이 되면 기억조차 잘 안 나는 이유도 이렇게 낡은 충동에 따라서 행동하기 때문이다. 외면만 바꾸고 외적인 부분에만 노력을 기울이면서 내면은 여전히 예전과 똑같이 결핍과 두려움이 가득한 사고방식을 지닌다면 결코 발전하지 못한다.

돈은 통화고 통화는 에너지라는 사실을 잊지 말자. 당신의 에너지가 가장 높은 주파수에 맞추어 진동하면 엄청난 회오리바람 같은 대단한 위력을 발휘한다. 부자가 되고 싶다면, 자기가 자기로 존재한다는 것 자체만으로도 이미 노다지를 캔 것이나 다름없음을 알아야 한다.

카밀러 차를 한 잔 들고, 바닐라 향이 나는 초에 불을 켜고, 자신의 크고 아름다운 자아와 어울리면서 돈을 벌 수 있는 가장 좋은 방법을 몇 가지 살펴보자.

명상을 시작하자

—

의도적인 침묵 속에 고요히 앉아 있는 것은 마음과 영혼을 위한 귀한 양식이다. 평소 당신의 마음은 모든 사람이 고래고래 비명과 고함을 지르면서 술 취한 목소리로 목청껏 노래를 불러대는 시끄러운 술집 (당신의 뇌)에서 대부분 시간을 보내는 것과 비슷한 상태다. 명상은 술집 문을 닫고 술주정뱅이들을 모두 쫓아낸 뒤 상위 자아와 대화를 나누는 방법이다.

명상에 잠기면 당신에게는 무한히 강력한 정신 에너지가 있고, 당신의 현실은 오감이 알려주는 한계를 훨씬 뛰어넘으며, 당신은 진정 대단한 사람이라는 진리에 감정적으로 연결될 수 있다. 말 그대로 그것을 느낄 수도 있다. 그리고 이 감정을 많이 느낄수록 스스로 더 강력하고 행복하고 부유한 사람이 된다.

매일 단 5분만 명상해도 인생에 커다란 변화를 가져올 수 있다. 지금까지 한 번도 명상해본 적이 없다면, 가만히 앉아서 자신의 호흡에 집중하고 머릿속에 어떤 생각이 떠오를 때마다 다시 호흡에 집중하기만 하면 된다. 그러면 끝이다. 그리고 이것을 명상 수련이라고 부르는 이유는, 소음을 완전히 차단하기까지 많은 연습이 필요하기 때문이다.

당신의 내면에는 무한한 위대함이 들어 있다.
그 위대함으로 허튼소리를 이겨내자.

확언을 이용하자

—

주변 환경, 특히 주변에 있는 사람은 우리가 자기 자신과 자신의 세계를 인식하는 방식에 지대한 영향을 미친다. 가장 많은 시간을 함께 보내는 사람이 가장 많은 영향을 미치는 것은 당연하다. 그리고 당신이 가장 많은 시간을 함께 보내는 사람은 바로 자기 자신이다. 따라서 자기 혼자 계속 되뇌는 내용이 정말 중요하다. 의식적으로든 무의식적으로든 평생 반복적으로 해온 모든 생각, 믿음, 말이 당신이 현재 머무르는 현실을 만들어냈다. 따라서 지금 처한 현실이 마음에 들지 않는다면 어떻게든 상황을 바꿔보고 싶을 것이다. 본인의 사고방식을 재구성하는 가장 좋은 방법은 확언을 이용하는 것이다. 자기 입에서 나오는 말과 명상 중에 머릿속에 떠오르는 생각에 주의를 기울여서, 그것이 부정적인 내용이면 긍정적인 감정을 전달하는 새로운 단어와 생각을 동원해서 그 내용을 다시 고쳐 쓰자. 그다음 새로운 말들을 계속해서 반복해야 한다.

돈은 쉽게 흘러들어오고 또 흘러 나간다.
나는 돈을 쓰는 것도 버는 것도 좋아한다.
세상에는 모든 사람에게 돌아갈 만큼 충분한 돈이 있다.
돈은 자유고, 힘이고, 내 친구다.
나는 돈을 사랑하고 돈도 나를 사랑한다.

내가 바라는 돈은 이미 여기에 존재한다.

나는 에너지고 돈도 에너지다. 이렇게 똑같은 우리는 최고의 친구다.

친절하게 행동하자

—

친절한 행동은 1차선 도로에서 당신 앞에 가는 차가 제한 속도보다 느리게 달릴 때 인내심을 발휘하는 것처럼 매우 간단하고 멋지면서도 상당히 어려운 일이다. 하지만 개자식 같이 굴면 그 순간에는 만족스러울지 몰라도, 그런 식으로 행동하는 것은 결코 기분 좋은 일이 아니다. 이성을 잃으면 기분이 나쁜데 특히 자기 자신한테 화가 난다. 자신에 대해 지독한 말을 내뱉은 경우도 그렇다. 스스로 자신을 비하해서 남들을 웃기려고 한 경우라도 결과는 마찬가지다. 즉, 당신 자신이라고 해서 그 말을 못 듣는 것이 아니다. 당신도 바로 거기에 서 있지 않은가. 이런 자기 비하의 재미에 빠졌다면, 다른 누군가가 똑같이 당신에 대해 말한다면 기분이 어떨지 생각해보라.

"넌 너무 멍청해서 머리가 네 목에 붙어 있지 않았다면 맨날 자기 머리도 잊어버리고 다닐 인간이야."

별로 듣기 좋은 말은 아니지 않은가? 그러니 자기한테 이런 말들을 해서 좋을 것이 있을까? 듣기 좋은 말을 못 하겠거든 그냥 아무 말도 하지 말자. 자기가 내뱉은 말은 다시 본인에게 돌아온다.

인내심을 발휘하자

—

인내심은 가장 강력한 힘을 발휘하는 동시에 현대 사회에서 키워나가기 가장 힘든 특성 가운데 하나다. 기술이 발전하면 할수록 기다려야 하는 상황이 생겼을 때 사람은 더 격노한다. 어떤 일에든 참을성이라고는 전혀 찾아볼 수 없다. 단 몇 초도 기다리기 싫어한다. 얼마 전에 먹다 남은 라사냐를 데우려고 전자레인지에 넣고 1분 정도 돌렸는데 여전히 차가웠다. 그래서 30초를 더 돌렸는데도 여전히 별로 뜨겁지가 않았다. 결국 음식이 제대로 데워져서 치즈가 녹기까지 총 55초를 더 기다려야 했다. 난 그 자리에서 바로 새 전자레인지를 사야겠다고 다짐했다. 이것 하나 데우는 데 그렇게 시간이 오래 걸린다는 것은 말도 안 되기 때문이다. 하지만 정말 말도 안 되는 행동을 하는 것이 누구인지는 우리 모두 안다. 나는 그런 터무니없는 생각을 했을 뿐만 아니라 좌절감을 느끼고 화를 내고 스트레스까지 받았다. 이것은 매우 좋지 않은 행동이고, 이런 행동을 자주 할 경우 정말 육체적 병이 생길 수도 있다.

쉽게 흥분하거나 호들갑을 떨지 말고 참을성을 발휘하면 기분이 훨씬 나아진다. 성급할 때는 깨닫지 못하는 방식으로 삶을 즐길 여유가 생기기 때문이다. 인내심을 발휘하면 피부에 닿는 공기의 느낌을 알아차릴 수 있고, 자기를 사랑하는 사람들이 무척이나 많다는 것을 깨달을 수 있다. 또한 지금 이 순간을 살아가는 것이 다시는 일어나지 않을 기적이라는 것도 의식하게 된다. 35분이나 전화를 붙잡고 누군가에게 불평하는 동안에는 이런 깨달음을 얻을 수 없다. 인내심을 발휘하는 것은 당신의 자아를 사랑하는 가장 근사한 방법이다.

우리 삶은 작은 순간으로 이루어졌는데, 각각의 순간에 자신의 에너지를 높이는 선택을 할 수도 있고 낮추는 선택을 할 수도 있다. 차가운 라사냐를 붙잡고 씨름하는 것은 별로 중요하지 않은 일처럼 보인다. 하지만, 이런 순간이 모여서 당신이 지금 직면하는 현실이 만들어지는 것이다. 작은 순간순간마다 하는 일이 정말 중요하다. 입을 다물고, 속도를 늦추고, 심호흡하며, 상위 자아와 연결해 올바른 의도를 가지고 행동하자. 자기가 집중하는 대상이 더 많이 생겨나므로, 주파수가 높은 생각을 많이 하면 할수록 자기 삶 속에 주파수가 높은 경험이 많이 쌓인다.

자신감을 키우자

—

우리는 언젠가부터, 자신감은 선천적인 재능이기 때문에 처음부터 갖고 태어난다고 믿었다. 아는 사람이 아무도 없는 파티에 참석해서는 즐겁게 농담을 던지고, 주변 사람에게 바에서 뭘 좀 가져다줄까 물어보는 그런 사람을 본 적이 있을 것이다. 우리는 그를 보면서 '난 죽었다 깨어나도 저렇게 행동하지는 못할 거야. 그런데, 저 사람 대체 누구야?'라고 생각한다. 하지만 원하기만 한다면 당신도 얼마든지 그렇게 행동할 수 있다. 우리는 모두 자신감을 가지고 태어나지만, 어떤 사람은 도중에 자신감을 잃거나 자기혐오 때문에 마음속 깊이 파묻어버린 것이다. 아니면 자신을 강력하게 내세울 때마다 남들의 비난을 받은 탓에 차라리 조용히 사는 편이 더 낫다고 판단한 것일 수도 있다. 다른 모든 마음가짐과 마찬가지로 자신감도 근육이다. 그러므로 당신이 해야 할 일은 자신감 근육을 단련하는 것이다. 내가 좋아하는 자신감 증폭제 세 가지를 소개한다.

1. 자기 몸을 이용해 자신을 속인다

우리가 얼마나 속아 넘어가기 쉬운 존재인지 놀라울 정도다. (아무것도 아닌 일로 생긴) 스트레스 때문에 몸이 아프거나 때로는 생명까지 위험해지는 것처럼, 우리 몸이 정신을 속여서 무언가를 믿도록 유도할 수도 있다. 그래서 좀 더 자신감을 느끼고 싶을 때 자신만만해 보이는 자세를 취하면 실제로 더 큰 자신감을 느낄 수 있다. 똑바로 서서 심호흡하고 미소를 지으면서 뽐내듯 걷고 악수할 때는 고개를 꼿꼿이 세우고 상대방의 손을 단단히 잡는다. 이렇게 몸에서부터 자신감을 표출하기 시작하면 정신도 그 뒤를 따를 것이다.

2. 일단 도전하자

조카가 15살쯤 되었을 때 우리 집에 오고 싶어 했다. 근데 그러려면 혼자 뉴욕에서 비행기를 타고 미 대륙을 횡단해야만 했다. 조카는 거대한 뉴욕 공항과 LA 공항에서 혼자 길을 찾아야 한다는 생각에 겁을 먹었다. 하지만 나는 절대로 혼자서 헤맬 일은 없을 것이라고 말해주었다. 올케가 공항 게이트까지 배웅해줄 것이고, 아직 미성년자이니만큼 항공사의 친절한 직원이 조카를 비행기에 태워서 안전하게 데려다줄 테니까 말이다. 정말 이렇게 쉬울 수가 없다.

이런 격려 덕분에 조카는 조금 용기가 생겼다. 그런데, 출발 당일 공항까지 이동하는데 심하게 정체된 차량으로 도로가 막혀 옴짝달싹 못하고 말았다. 공항에 도착할 때쯤에는 주차할 시간조차 없었다. 올케는 차를 갓돌에 대고 조카를 차 밖으로 밀어내면서 "어서 뛰어! 이러다 비행기 놓치겠어! 어서!"라고 외쳤다. 공황에 빠진 조카는 자기 짐을 들고 공항 안으로 달려 들어가 간신히 비행기에 탑승하는 데 성공했다.

조카가 공항 게이트에서 걸어 나오는 모습을 절대 잊지 못할 것이다. 고개를 높이 쳐든 조카는 키가 2미터는 더 자란 듯한 모습이었고, 가방을 사방으로 휘둘러서 사람들을 때려눕히기라도 할 기세였다. 난 방금 공항의 북새통을 헤치고 여기까지 온 몸이시라고. 그러니. 다들. 내. 앞에서. 꺼져.

무언가를 하고 싶다는 생각이 들 때는, 내면 깊숙한 곳 어딘가에서 자기가 그 일을 할 수 있다는 것을 아는 것이다. 그렇지 않다면 그 생각을 하면서 시간을 낭비하지는 않을 테니까 말이다. 자신감이 생길 때까지 마냥 기다려서는 안 된다. 그것은 마치 체중을 2킬로그램 더 줄이기 전에는 휴가를 가지 않겠다며 계속 기다리는 것과도 같다. 일단 도전부터 해야 한다. 어떻게든 자신을 밀어붙이자. 겁나는 일을 많이 하면 할수록 자신감 근육이 더 강해진다.

3. 자기는 이미 중요한 존재라는 것을 기억하자

우리는 저마다의 의미를 품고 태어났다. 완벽하지 않은 인간이라 실수를 일삼고 때론 강한 척하기도 한다. 그러나 우리가 무언가를 하고 살아가는 데 겁을 먹을 필요는 없다. 별로 자신이 없다고 생각하는 일도 다하기 위해 이곳에 있다. 당신이 존재하는 것은 운명이며, 잘못된 결과 같은 것은 없다. 자신의 진정한 본모습에 집중한다면, 왜 그렇게 자신이 중요한 존재인지 스스로 알게 될 것이다.

타인을 위해 봉사하자
—

많이 줄수록 많이 받는다. 나눔을 실천하는 사람의 주파수만큼 훌륭한 주파수도 없다. 자신의 재능을 이용해 남들에게 봉사하는 것은 곧 본인에게 크나큰 선물을 주는 것이나 마찬가지다. 길을 가르쳐 주거나, 누군가를 좋게 생각하거나, 누구나 듣고 싶어 하는 말을 해주는 등의 아주 사소한 일도 여기 해당한다. 우리가 나눔을 실천할 때 발산된 에너지는 어떤 형태로든 우리에게 돌아온다. 우리는 남들과 나누기 위해 여기 존재하는 것이다. 그래서 탐욕은 아무에게도 기쁨을 안겨주지 않는다. 탐욕은 더 큰 탐욕을 낳으며, 이는 무언가를 손에 넣는 것이 아니라 남과 나눌 때만 채울 수 있는 갈망을 잘못된 방법으로 채우려는 것이다. 행복해지고 싶다면 먼저 타인을 행복하게 해주자.

기운을 내자

—

당신이 형편없이 행동하는 것은 대개 남들이 자기 말을 들어주기를 바라거나 당신의 요구를 최우선으로 고려해주기를 바라기 때문이다. 부당한 대우를 받았어! 저 자식이 내 앞으로 끼어들었어! 이건 너무 어려워! 불공평해! 날 불쌍하게 여겨줘! 내 고통을 알아달라고! 자신을 정당화하거나 남이 알아봐 주기를 바라기보다 자유와 행복 쪽을 택한다면 언제든 승리할 수 있다. 피해자 모드에서 벗어나고, 다른 사람도 자신의 감정에만 몰두한다는 것을 기억하자. 그리고 매사를 기분 나쁘게 받아들이는 것을 멈추어야 한다.

축하하자

—

새로운 고객을 만나거나, 용기를 끌어모아 누군가에게 데이트를 신청하거나, 일자리가 생기거나, 마지막 하나 남은 쿠키를 차지했다면 그 상황을 축하하자. 우리는 늘 정신없이 바쁘기 때문에, 자신의 대단함을 인정할 시간을 거의 내지 못한다. 감탄은 감탄을 낳고 인상적인 행동은 더 많은 인상적인 행동으로 이어진다. 그러니 시간을 내서, 당신에게 주어진 상황과 기회를 느끼고 감사하자. 그러면 더 큰 기회를 만들 힘이 생긴다.

용서하자

—

아아, 죄책감과 분노라는 물에 젖은 샌드백을 질질 끌고 다니느라 낭비하는 그 많은 에너지! 이것은 가장 심각한 시간 낭비인 동시에 사람들이 가장 좋아하는 활동이기도 하다. 과거는 절대 바뀌지 않는 법인데 이미 벌어진 일에 자기 자신이나 다른 사람에게 화를 낸다는 것은 마치 쓰레기 처리를 거부하는 것이나 마찬가지다. 그 감정을 계속 지닐수록 점점 더 냄새가 고약해지고, 주변에 꼬이는 파리 떼들이 나날이 늘어난다. 게다가 당신이 바라는 모든 것이 손가락 사이로 빠져나간다. 쓰레기를 내다 버리기 전까지는 계속 그 모양 그 꼴일 것이 뻔하다.

우리는 인간이기에 실수하면서 산다.
다른 사람도 마찬가지로 실수를 저지른다.
그러니까 그만 잊어버리자.

우리가 계속 분노를 떨쳐내지 못하는 이유는, 우리에게 잘못을 저지른 멍청이가 용서받을 자격이 없다고 생각하기 때문이다. 하지만 우리가 느끼는 분노로 벌을 받는 유일한 사람은 자기 자신뿐이다. 용서는 용서를 받을 자격이 있는 타인을 위해서가 아니라 행복을 누릴 자격이 있는 당신을 위해서 하는 것이다. 분노를 버리지 못하면 분노한 일에 대한 불쾌한 생각이 마음속 소중한 공간을 차지하도록 허락하는 셈이다. 자신을 사랑한다면 자신에 대한 고문을 끝내고 그만 잊어버려야 한다.

자기애는 기분 좋아지는 일을 하는 것을 뜻한다.

우리가 평소에 기분이 극도로 나빠지는 일을 얼마나 자주 하는지 생각해보라. 항상 그런 일을 하지 않은가. 우리가 원하는 것을 할 수 없는 이유를 자신에게 변명하곤 한다. 너무 위험하기 때문에, 너무 미숙하기 때문에, 다니기 싫지만 직장에 계속 다녀야 하므로…… 이런 식의 핑계로 45페이지 정도는 더 채울 수도 있다. 내 말은, 자기를 기분 좋게 해주는 일이 무엇인지 확실하게 파악해서 그것을 하라는 이야기다. 어떤 행동을 하거나 말하기 전에 항상 자기 기분이 어떤지 확인하자. 선입견과 두려움에 기초해서 반응하지 말고, 그것이 어떤 기분을 안겨주는지에 따라서 상황에 대응하는 연습을 해야 한다. 근사하고 사랑스럽고 불완전한 자신의 자아에 관심을 기울이면서, 얻고자 하는 모든 부를 비롯해 필요한 것을 자신에게 주기 위해 의식적으로 노력하자. 그런 노력 때문에라도 자신을 사랑할 것이다.

CHAPTER 12

쓰러지는
순간에도
나아가는 힘

예전에 옆집에 금융 회사에서 일하는 한 여성이 살았다. 그녀는 직접 투자 관리 회사를 설립하기로 했다. 회사를 궤도에 올려놓기 위해 평생 모은 돈을 다 털어 넣는 도약을 감행했다. 사업을 처음 시작하는 대부분 사람과 달리 돈 많은 후원자도 없고 현금 다발도 많이 없었다. 그녀는 자기 지갑을 열어서 마지막 동전 한 닢까지 탈탈 털었다. 사업을 시작한 그 주에 그녀에게는 아직 기저귀도 못 뗀 아이가 둘이나 있었는데, 그중 한 명은 입원 중이었다.

그뿐만 아니라 일하는 금융계에는 여성이 별로 없었다. 그리고 여자라는 사실만 문제가 되는 것이 아니라 자본금이 별로 없다는 것도 문제였다. 사업을 막 시작해서 첫 번째 투자자를 찾던 중에 어떤 잠재 고객과 통화하게 되었다. 그런데 그 고객은 그녀가 지금까지 투자한 내역(평생 모은 돈으로)을 살펴보더니 "가진 게 이게 답니까?"라고 말했다. 그는 결국 투자를 거절했고, 전화를 끊은 그녀는 심한 굴욕감에 울음을 터뜨렸다. 자기가 이 일을 잘 해내서 가족에게 해주고 싶은 것은 다 하고 싶었지만, 가진 돈을 잃지 않을 수 있을지 확신이 서지 않아 눈앞이 캄캄했다.

나는 그녀가 팬케이크 반죽처럼 하얀 얼굴에 혼란스러운 표정을 띠고 거리를 걸어가는 모습을 자주 보았다. 볼 때마다 점점 더 여위어서 꼭 유령 같았다. 일이 잘되어 가느냐고 물을 때마다 그녀는 늘 "그럭저럭 버티고 있어요"라고 했다. 하지만 내가 정말 하고 싶었던 질문은 샌드위치라도 만들어줄까, 하는 것이었다. 스트레스가 사람에게 큰 타격을 입힌다는 것을 알아서 정말 걱정되었기 때문이다. 하지만 그녀는 내가 이사할 때까지도 계속 거리를 돌아다니고 여전히 사업이 흥하거나 망하길 기다리며, 간신히 바람에 날아가지 않고 버티고 있었다.

1년쯤 지나서 다시 그녀와 이야기를 나누었을 때, 그녀는 큰 목소리로 말했다. 1년 가까이 사업이 불안하게 흔들리던 끝에 대성공을 거두었다고. 옆집에 살던 좀비는 현재 순 자산이 거의 20배나 늘어났다. 20배라니, 세상에! 그녀는 이제 마음에 드는 사람들하고만 일하고, 가족도 아주 훌륭하게 부양한다. 아마 끈기 있게 일을 밀고 나가지 않았다면 결코 그 자리까지 가지 못했을 것이다.

그녀가 도약을 감행하고 사업을 시작한 첫해에 끝까지 버틸 수 있게 도와준 중요한 마음가짐 몇 가지를 살펴보자.

- 자신의 '이유'를 고수했다. 그녀가 돈과 성공을 원한 것은 그것이 가져다줄 자유, 가족을 돌볼 수 있는 능력, 그리고 자기가 해낼 수 있다는 것을 자신에게 증명하기 위해서였다. 또 사업이 잘 안 될 경우 평생 모은 돈을 잃을 수 있다는 전망 앞에서도 별로 흔들리지 않았다.

- 마음을 단단하게 만들었다. 다른 기업가들이 쓴 책을 꾸준히 읽고, 사업에 성공한 여성들의 사진을 벽에 붙여놓고, 명상하며, 불확실성은 전체 과정의 일부일 뿐이라고 계속 되뇌었다. 누구든 다음 단계로 나아가기 위해서는 미지의 세계로 뛰어들어야 한다. 그녀는 그런 문제를 가지고 호들갑 떨지 않았다.

- 자기 업계에 대해 공부했다. 자기 자신과 잠재고객들 사이의 공통점을 찾아서 창의적으로 영업을 진행하는 방법을 배웠다. 새로 익힌 근사한 영업 기술을 이용해 두 번째 주요 투자자를 찾아내는 데 성공하자 사업이 순조롭게 진행되기 시작했다.

- 멘토를 구했다. 당시 그녀 주위에 있던 훨씬 큰 기업들까지 전부 무너지던 시기였다. 그녀도 더는 사업을 계속할 수 없겠다고 생각되는 지점까지 내몰렸다. 그래서 중요한 조언을 해줄 멘토를 찾았다. 멘토는 흐름에 몸을 맡기라고 충고했다. 매일매일 조금씩 헤쳐나가면 된다, 여기서 그만두면 아무도 이길 수 없다. 그만두면 당장은 기분이 좋을지 모르지만 그걸로 끝이다. 투자자들이 당신을 해고하면 해고하게 놔두어라. 하지

만 자신을 해고하지는 말아라. 절대 포기해서는 안 된다.

부유한 사람이 자신을 성공으로 이끈 요인 가운데 가장 중요시하는 것이 바로 끈기다. 불구덩이를 가로지르지 않고 위대한 성공을 거머 쥔 이는 없다. 그리고 성공한 사람과 실패한 사람의 차이는 불길이 아무리 뜨거워도 끝까지 버티고야 말겠다는 노력 여부다. 큰 혼란이 생기는 경우는 늘 있게 마련이다. 이를테면, 중요한 고객을 잃거나, 창고에 불이 나서 다 타버리거나, 커피숍을 막 개업했는데 길 건너편에 스타벅스가 생기는 상황 등 말이다. 이런 경우 당신에게는 두 가지 선택권이 있다. 빌어먹을, 난 이제 손 뗼래, 라고 하거나 아니면 흥, 고작 이 정도냐며 버티는 것이다. 고통이 너무 심해서 견디기 힘들거나, 마음가짐이 약해지면 그대로 포기하고 실패를 다른 사람이나 다른 이유 탓으로 돌릴 것이다. 하지만 마음가짐이 굳건하다면 인내하며 기다릴 수 있다. 상황이 아무리 힘들어도 계속 버틸 수 있는 중요한 방법을 몇 가지 소개한다.

아주 강하게 밀어붙인다
—

콜로라도강에 래프팅을 하러 간 적이 있다. 래프팅이 끝난 뒤 차로 돌아가려면 친구와 함께 그랜드 캐니언 맨 밑바닥부터 협곡 위까지 하이킹해야 했다. 우리는 예상한 것보다 조금 늦게 강에서 출발했다.

덕분에 해가 지기 전에 도착하려면 협곡 측면을 따라 8시간이나 걸리는 거리를 서둘러서 올라가야 했다. 래프팅을 하는 동안에는 느긋하게 걸으면 되겠거니 생각했다. 협곡을 오르기 시작하고 처음 몇 시간 동안은 중간에 가끔 멈추어서 바로 옆을 흐르는 강물에서 수영도 하고, 셀카도 많이 찍고, 그리고 휴식도 자주 취해야겠다고 생각했다. 나는 체력이 좋은 것과는 거리가 아주 먼 사람이기 때문에, 마침내 그랜드 캐니언 꼭대기에 가까워졌을 즈음에는 무릎이 후들거리고 완전히 기진맥진했다. 그래서 마지막 남은 5백 미터를 멀쩡한 정신으로 걸어갈 수 있을지 확신할 수도 없는 상태였다. 거의 다 왔어, 거의 다 왔다고, 라고 속으로 중얼거리면서 제발 내 몸이 버텨주기만을 빌었다. 그때 친구가 뭐라고 외쳤다. 그런데 분명 아는 말이긴 한데 무슨 말인지 곧바로 뇌리에 새겨지지 않았다. 몸을 돌려 친구를 바라보자 친구는 지금 막 언덕 위에 멈춘 버스를 가리키고 있었다. 그 버스는 우리를 몇 킬로미터 떨어진 곳에 세워놓은 차까지 데려다줄 버스였다. 그것도 45분마다 겨우 한 대씩 오는 버스. 그때야 친구가 외치는 말이 "뛰어!"라는 것을 깨달았다.

만약 그보다 조금 전에 누군가 지금 달릴 수 있겠느냐고 물었다면 절대 못 달린다고 대답했을 것이다. 할 수 없다고 생각했기 때문이 아니라 정말 육체적으로 불가능했기 때문이다. 하지만 달릴 경우 그 보상으로 앉아서 쉴 수 있는 장소와 치즈버거, 맥주, 그리고 샤워라면 내 대답은 달라졌을 것이다. 그래서 45분 동안 땀에 젖은 더럽고 굶

주린 몸으로 그늘에 놓인 벤치에 앉아 있지 않겠다는 목표를 세우자, 남은 거리를 달려 올라가 버스를 타는 데 성공하는 불가능한 일을 해낼 수 있었다.

우리에게는 모두 습관적으로 멈추는 장소가 있다. 무언가와 너무 친밀해지거나 너무 비싸거나 성공에 너무 가깝게 접근할 경우 마음이 불편해지는 특정한 기준점이 존재하는 것이다. 자신의 안전지대에서 벗어나 인생을 변화시키려면 반드시 이 한계를 넘어야 한다. 하지만 그것은 정말 두려운 일이기 때문에 잠재의식은 언제든 달아날 수 있도록 준비한다. 대개는 이런 정지 지점이 있다는 것을 전혀 의식하지 못하며, 성공으로 향하는 길에서 벗어나기 위해 평생 쓸 만큼의 변명을 준비해두었다. 지금까지 벌어보지 못한 많은 돈을 벌기로 결심하는 경우에도 이런 두려움의 문턱을 통과하는 것이 정말 중요하다. 따라서 절대 후퇴하지 않고 돈을 향해 돌진해야 한다.

평판이 나빠질 위험을 감수한다

—

성공한 사람은 끈기가 대단하다. 그런데, 이 말은 곧 보통 사람보다 훨씬 오랫동안 자신의 신념을 지킨다는 뜻이다. 그래서 실제로 성공을 거두기 전까지는, 사람들은 그를 가리켜 제정신이 아니고 말도 안되는 행동을 한다면서 제발 그만 좀 하라고 종용하는 경향이 있다. 성공한 사람은 주변 사람 모두가 비관적인 말을 쏟아붓는 상황에도 본인의 믿음을 굳건하게 유지한다.

예전에 비행기에 탑승해서 이륙하기를 기다리는 동안, 정말 인상적인 모습으로 끈기를 발휘하는 사람을 목격한 적이 있다. 승무원이 비행기 문을 막 닫으려는 순간 한 여자가 두 아들을 데리고 불쑥 비행기에 올라탔다. 땀에 젖은 부스스한 몰골로 눈을 희번덕거리는 모습이었다. 다른 승객은 모두 자리에 앉아 안전벨트에 꽁꽁 묶인 채로, 여자가 머리 위 선반에서 짐 넣을 자리를 찾느라 애쓰는 모습과 두 아이를 자리에 앉히려는 모습, 이륙 지연에 대해 승객에게 사과하는 모습을 꼼짝없이 지켜볼 수밖에 없었다. 그녀는 비행기 예약도 막판에 겨우 한 것이 틀림없었다. 그래서 가족끼리 함께 모여 앉지 못하고 모두 가운데 좌석을 배정받아 앞뒤로 앉아 가야만 했다. 덕분에 그 가족이 착석하는 과정이 더 힘들어질 수밖에 없었다.

하지만 그녀의 가장 큰 골칫거리는 자리에 앉기를 거부하는 큰아들이었다. 9살쯤 되어 보이는 그 아이는, 동생이 가운데 좌석에 앉는 것을 지켜보면서 자기는 창가 자리에 앉고 싶다고 조용히 자신의 어머니에게 말했다. 그녀는 지금 당장 정해진 자리에 앉아야 한다고 대답했고, 아들은 침착하게 "아뇨, 난 창문 옆에 앉을 거예요"라며 맞섰다. 그녀가 낮게 으르렁거리는 목소리로 "앉아"라고 말했지만 아들은 "싫다"고 응수했다. 그녀는 주변에 앉은 다른 승객들에게 다시 미안하다는 표정을 지었다. 나는 그 옆의 창가 자리에 앉아 그 모습을 모두 지켜보면서 아이에게 내 좌석을 양보해야 하는지, 아니면 그를 내 코치로 고용해야 하는지 고민했다. 화난 어른으로 가득한 비행기 안에서도 이렇게 흔들리지 않는 침착한 결의를 내비치다니, 어디에서도 본 적이 없는 모습이었다. 하지만 그 아이는 건방지게 굴거나 화를 내지 않았고, 내 앞의 남자가 일어나 자리를 바꿔줄 때까지 절대 물러나지도 않았다.

자신의 목표에 대한 욕구가 워낙 커서 공공장소에서 당하는 창피나 자기 어머니 이외에 다른 어른이 내뱉는 악담 같은 것은 전혀 깨닫지도 못한 것이다. 그 아이는 우리가 아는 성공을 가로막는 가장 큰 장애물에 콧방귀를 뀌는 대담함을 지녔다. 바로 남의 호감을 사고 싶고 타인과 어울리고 싶다는 욕구 말이다. 가난에서 벗어나 부자가 될 계획을 세웠다면, 평판이 나빠지는 위험을 감수하더라도 마음을 바꾸지 말아야 한다. 자기 삶을 이렇게 대대적으로 변화시키면서 주변 상황, 특히 다른 사람과의 관계가 하나도 변하지 않으리라고 기대할 수는 없다. 자신의 본모습을 변화시키면 사람과의 관계가 틀어지고 친구를 잃고, 어쩌면 가족 간에 균열이 생길지도 모른다. 따라서 자기가 꿈꾸는 모습으로 성장하겠다는 욕구가 항상 마음의 가장 전면에 확고하게 자리 잡아야 한다. 또 자신을 위해 만들어가는 삶을 구체적으로 세우고, 절대 포기하지 않을 용기를 얻어야 한다. 어떻게든 자신의 욕구를 실현할 수 있다고 믿고, 한편으로는 그 과정에서 당신과 주파수가 같은 새로운 사람을 사귈 것이라는 사실도 알아야 한다.

성공을 위한 습관을 들인다

—

습관이라고 하면 보통 손톱 물어뜯기, 흡연, 욕설, 머리카락 꼬기, 휴대폰으로 통화할 때 소리 지르는 습관 등을 생각하기 쉽다. 그런데 습관은 우리가 하는 행동 대부분을 차지한다. 게으름도 습관이고, 압박감을 느끼는 것도 습관이며, 지각하는 것도 습관이고, 실패도 습관이며, 성공도 습관이고, 인내심도 습관이며, 남의 소문을 퍼뜨리는 것도 습관이고, 돈을 버는 것도 습관이며, 무일푼 신세로 지내는 것도 습관이다. 습관이란 아무 생각 없이 무의식적으로 반복하는 행동을 뜻하므로, 평소 우리가 별다른 생각 없이 하는 행동이 습관의 범주에 속한다. 앞서 살펴본 것처럼, 우리는 평소 잠재의식의 믿음에 반응해서 행동하곤 한다. 그렇게 하지 말고, 자신의 행동을 자각하면서 의식적으로 대응하기로 한다면 습관을 바꿀 수 있고 결과적으로 우리가 처한 현실까지 바뀔 것이다.

우리는 자신이 생각하고 믿고 말하는 방식과 관련된 습관을 바꾸려고 오랜 시간 동안 노력을 기울인다. 그런데 습관은 매우 강력하기 때문에 몇 가지 팁을 알려주고 싶다. 하지만 우선, 아직 당신 몸에 배지 않았다면 꼭 발달시켜야 하는 습관이 몇 가지 있다. 이것은 성공한 사람의 가장 일반적인 습관 가운데 일부다.

위험을 감수한다.

결심을 끝까지 고수한다.

올바른 경계를 설정한다.

받은 만큼 되돌려준다.

현명하게 일한다.

마음을 단단하게 만든다

일을 위임한다.

끊임없이 배운다.

규율을 지킨다.

집중한다.

인내심을 키운다.

적극적인 사람을 주변에 둔다.

다른 사람에 대한 이야기기가 아니라, 아이디어에 대해 이야기한다.

포기하지 않고 다시 일어선다.

약속 시간을 지킨다.

주변에서 무슨 일이 벌어지는지 잘 안다.

자기 돈이 어떻게 관리되는지 잘 안다.

전부 다 우리가 앞에서 이야기한 내용이지만, 이 모든 내용이 습관이라는 사실을 인식하는 것이 중요하다. 따라서 이런 좋은 습관을 만들지 못하도록 방해하는 나쁜 습관이 있다면, 새로운 습관을 들일 수 있도록 의식적으로 노력해야 한다. 이와 관련해 내가 가장 좋아하는 방법은 다음과 같은 것들이다.

1. 타협을 절대 용납하지 않는다

새로운 습관을 들이는 것과 관련해서 알려줄 수 있는 최고의 팁은 빠져나갈 생각을 아예 하지 말라는 것이다. 매일 점심시간이 되기 전에 영업 상담 전화를 5통씩 거는 습관을 들이기로 했다고 가정해보자. 전화기 버튼을 누르기 직전에 문득 페이스북에 올려놓은 사진에 누가 댓글을 달지는 않았는지 한 번만 더 확인해보자는 생각이 든다. 머릿속에 그 생각이 떠오르는 순간, 이것은 자신의 목표를 회피하고 빠져나가려는 시도라는 것을 알아차릴 수 있다. "딱 1분만 페이스북을 확인할 건데, 뭐." 또는 금주 중에 유혹을 이기지 못하고, "그냥 한 모금만 마실 거야"라고 말하는 이런 작은 순간들. 이런 찰나의 결정이 당신의 금전적 성공을 좌우한다. 이 순간들이 모두 합쳐져서 영향을 미칠 뿐만 아니라, 그 하나하나가 당신의 결심에 균열을 만든다. 타협 불가능한 단호한 태도를 유지하는 방법을 몇 가지 살펴보자.

우선, 새로운 습관과 자신을 동일시해야 한다. "나는 페이스북이나 들여다보면서 빈둥거리는 사람이 아니라, 목표로 하는 일을 완수하는 성공한 사람이다."

그다음은 자신의 타협 지점을 알아두는 것이다. 자기가 좋아하는 일을 그만두도록 자신을 설득할 때는 별로 창의적이거나 다양한 이유를 대지 못하는 경향이 있다. 자신의 목표를 중간에서 포기하게 하는 것이 무엇인지 금방 알아차려야 한다. 만약 "담배 한 대 피운다고 죽지는 않아", 혹은 "알람을 끄고 딱 몇 분만 더 누워 있을 거야"라며 변명을 늘어놓는다면, 그것이 타협안이라는 사실을 깨달아야 한다. 그때는 단 한 순간도 고민해서는 안 된다. 이 변명과 대화를 나누기 시작하면 그것으로 끝이기 때문이다. 그런 일이 아예 벌어지지도 않은 것처럼 계속 움직여야 한다.

2. 자신의 새로운 습관을 다른 습관이나 행동과 연결한다

우리가 지닌 습관은 대부분 서로 관련되기 때문에(음주와 흡연, 운동과 건강한 식습관 등) 새로운 습관을 들일 때는 기존의 습관이나 행동과 연결하는 것이 정말 도움 된다. 좀 더 집중력을 발휘해서 일하는 습관을 들이고 싶다고 가정하자. 이 습관을 휴대폰을 끄고 멀리 치워두는 습관과 연결하는 것이다. 휴대폰을 치우는 물리적인 행동이 자기 앞에 놓인 일에 집중하라는 정신적인 신호를 촉발한다.

3. 의지력을 강화한다

목표를 이루고자 하는 '이유'에 계속 정서적으로 애착을 느끼는 방법 이외에도, 의지력 근육을 강화하는 방법이 있다. 첫 번째는 불편함을 예상하는 것이다. 고객들에게 받는 요금을 두 배로 올리는 것이 이상하고 두렵게 느껴진다면, 새로운 요금을 부과하기 전에 이 감정에 익숙해져야 한다. 계속 불편함에 익숙해지고, 이것이 전체적인 과정의 일부일 뿐이라는 것을 깨달아야 한다. 그러면 더는 호들갑을 떨지 않을 것이다.

두 번째는 책임감 있는 파트너를 찾는 것이다. 당신처럼 대단한 인물이 되려고 노력 중인 사람을 찾아 파트너가 되어달라고 부탁해보자. 매주 자신의 목표를 서로에게 이야기하고 정기적으로 상대의 진행 상황을 체크해서 계획이 순조로운지 확인한다. 상대방에게 도움이 되려면 잔혹해져야 한다는 것을 기억하자. 따라서 파트너가 어떤 일을 할 예정이라고 한다면 그것을 중간에 포기하지 못하도록 막아주자. 그리고 그 사람에게도 이와 똑같이 당신을 대해달라고 부탁하는 것이다.

마지막으로 환희가 함께하는 최종 결과를 상상하는 것이다. 할 일을 시작하기도 전부터, 단순히 일을 끝내기만 하는 것이 아니라 최고의 성과를 올릴 것으로 예상하며 흥분해야 한다. 그다음에 본격적으로 일에 착수하자.

시련 앞에 진로를 수정한다
—

여러 해 전에 친구와 함께 양조 회사 "밀러 브루잉 컴퍼니"를 견학했다. 우리가 플라스틱 컵에 담긴 맥주 샘플을 홀짝이면서 시설을 둘러보는 동안 내가 몰랐던 사실을 깨달았다. 밀러가 문을 열고 60년쯤 지났을 때, 금주법으로 양조회사 수백 개가 문을 닫았다. 하지만 밀러

만은 달랐다. 그들은 한쪽 문이 닫히면 다른 쪽 문이 열린다는 것을 알았다. 그렇기에 사업을 확장할 다른 방법을 찾았다. 맥아유, 맥아시럽, 탄산음료, 무알코올 맥주 등을 생산하기 시작하면서 회사명을 "밀러 프로덕트Miller Products Co."로 바꾸고 이 불안한 시기를 힘들게 버텨냈다. 이런 신제품 개발과 회사의 현명한 투자 덕에 건조한 사막 같은 시기를 헤쳐나갈 수 있었다.

이 회사는 술을 팔던 회사였다. 그런데 금주법이 시행되었다. 그들에게는 선택할 수 있는 방법이 세 가지 있었다. 법을 어기거나, 패배를 받아들이거나, 진로를 수정하는 것이다. 당신이 알아야 할 것은 무언가를 바라면 그것을 손에 넣을 수 있다는 사실이다. 이제 패배를 인정할 때가 되었다는 모든 '신호'에도 포기하지 말고 계속 나아가야 결국 성공에 다다를 수 있다. 끈기란 자신을 너무 강하게 밀어붙여서 이루고자 하는 목표까지 밀어내는 태도가 아니다. 아직 가보지 못한 새로운 길을 향해 나아가는 단호한 행동을 뜻한다. 끝까지 진로를 유지한다는 것은 길이 약간 굽은 곳도 포함해서 하는 말이다. 흐름을 따르는 것을 거부하고 고집스럽게 굴면 넘어지기 마련이다. 절대 포기하지 말되, 필요한 경우 진로를 수정하고, 앞으로 꾸준히 달려가자.

당신도 부자가 될 수 있다

우리 가족은 모두 내가 자란 동네에서 차를 타고 갈 수 있는 거리 안에 산다. 최근에 남동생과 함께 추억의 길을 산책했다. 우리는 예전에 살던 동네를 둘러싼 숲을 관통하는 흙길을 따라 걷다가 유년기를 보낸 집이 있는 거리에 접어들었다. 그리고 그 집 진입로 아래에 한참 동안 서 있었다. 오래전에 죽은 동물 가족의 무덤을 찾아보려고 애썼지만, 지금은 길가에 심어놓은 빽빽한 수호초 덤불 아래에 파묻혀 있어서 도저히 찾을 수가 없었다.

우리는 로이스 가족의 집 옆을 지나갔다. 노인들만 살던 그 집에는 수영장이 있었는데 그들은 남이 보내는 시그널을 알아차리는 데 말도 못 하게 둔했다. 수영복을 입고 손에 수건을 들고 양쪽 집을 갈라놓는 울타리에 아무리 오랫동안 기대서서 그들이 수영하는 모습을 지켜보아도 한 번도 우리를 수영장에 초대한 적이 없었다.

다시 숲으로 들어가 다음 마을로 향했다. 그런데, 그곳에서 결국 길이 끝나더니 성에 딸린 광대한 부지 안으로 사라져 버렸다. 이 성은 한때 부유한 사람이 개인적으로 소유했던 곳인데 지금은 박물관 비슷한 장소로 쓰인다. 우리는 어릴 때 학교 현장학습으로 이곳에 자주 왔다. 옛날 복장을 한 사람들이 이 장소의 역사를 알려주었다. 그들은 우유를 저어 버터를 만드는 모습이나 밀랍으로 편지를 봉하는 모습을 보여주었다. 당시에 이 성은 세상에서 가장 크고 웅장하고 거대한 건물처럼 보였다. 하지만 상당한 세월이 흐른 뒤에 동생과 함께 바라본 그곳은 상당히…… 나약해 보였다. 사실 그날 산책하면서 본 모든 것이 믿을 수 없을 만큼 작고 보잘것없게 느껴졌다. 예전에 살던 집도, 뒷마당에 있던 발야구장도, 심지어 로이스 가족의 바보 같은 수영장도 그때보다 작아 보였다. 우리는 걸으면서 이런 사실에 놀랐다. 그때는 우리가 지금보다 훨씬 작았으니까 당연한 일이지만 말이다. 하지만 성까지 그렇게 보인다고? 예전보다 좀 작아 보이는 것은 이해할 수 있지만, 그래도 기분이 이상했다. 이것은 성이지 않은가. 그러니 성에 대한 기대에 부응하는 당당함이나 웅장함이 있어야 한다! 우리가 미처 알아차리지 못한 다른 건물이 있었나? 아마 이쪽에서 걸어왔더라면 보였을 수도…… 없다고? 우리는 주변을 돌아다니면서 이리저리 살펴보았다. 하지만 잠시 뒤, 어린 시절에 보았던 거대한 성은 결국 소인국에서나 그렇게 찬양받은 존재였다는 것을 깨달았다.

당신의 생각이 성장할 때도 이런 일이 일어난다. 한때 마음속에 거대한 검은 구름처럼 도사리던 일들이 이제 더는 영향을 미치지 못하는 것이다. 일례로 새로운 직장에서 보낸 첫날이나 첫 아이를 가졌을 때, 배우자에게 이혼을 청구했을 때, 상사에게 임금 인상을 요구했을 때 등 한때는 거대한 두려움이 온 마음을 뒤덮던 사건도 그것을 이겨낸 지금은 보잘것없는 기억의 단편에 지나지 않는다. 어쩌면 아예 기억조차 나지 않을 수도 있다. 당시에는 불편한 마음이 너무 커서 머리가 폭발할 지경이었겠지만, 지금에 와서 당시 두려움을 다시 되돌아보면 그저 시시하게 느껴질 뿐이다.

당신이 발전해 나가는 동안, 지금 부로 향하는 길에서 도저히 극복할 수 없을 것만 같은 장애물이나 두려움과 맞닥뜨리더라도 언젠가는 작은 부스러기가 될 것이라는 사실을 명심하면 된다. 돈 버는 일에 집중하다 보면 즐거움은 하나도 모른 채 묵묵히 일만 해야 한다는 두려움, 솔직히 이렇게 한다고 해서 정말 부자가 될 수 있을까 하는 의구심, 다른 사람이 나를 어떻게 생각할까 하는 걱정, 위험을 감수해야 한다는 공포감, 항상 느껴지는 압박감과 자괴감 같은 것이 모두 그렇게 될 것이다. 이런 감정에 사로잡힐 때마다 휩쓸리기보다는 전부 환상이라고 여겨야 한다. 훗날 돈더미에 파묻혀 지낼 때 과거에 있던 일을 되돌아본다고 상상해보자. 미래에는 이런 쓸모없는 생각과 믿음은 전부 사실이 아니고, 그런 감정이 없어질 날이 곧 오리라는 것을 알 것이다.

예전에 내가 돈과 형편없는 관계를 유지하려고 열심히 애쓸 때는, 사고방식이 중요하다며 그렇게 야단법석을 떠는 것을 받아들이기가 힘들었다. 긍정적인 생각과 신념, 감사와 인식에 대해 소리쳐 부르짖으며 강조하면서도, 솔직히 부자가 되려면 그 이상의 것이 필요하다고 믿었다. 자신의 금전 상황을 점검하는 과정은 풀기 힘든 과제거나 혹은 등에 딱 달라붙어 떨어지지 않는 덩치 큰 아이를 업고 등산하는 것처럼 사람을 녹초로 만드는 일이라고 상상했기 때문이다. 하지만 부자가 되겠다는 흔들리지 않는 결심이야말로 무일푼인 나와 부유하게 살면서 자기 인생을 책임지는 다른 사람의 가장 큰 차이라는 것을 깨달았다.

물론 부자가 되려면 미지의 세계로 향한 집요하고, 무섭고, 급진적인 도약이 필요하다. 하지만 당신 뇌에서는 정말 중요한 변화가 일어난다. 그리고 그것이 어려운 일이 아니라는 것을 강조하고 싶다. 당신이 인생의 다른 일들에 쏟은 노력에 비하면 부자가 되기 위해 노력하는 것은 그보다 쉬운 일이라고 장담할 수 있다. 열심히 노력할 필요가 전혀 없다는 말은 아니지만, 돈이 있는 삶은 없을 때의 삶보다 훨씬 쉽다는 것을 이야기하고 싶다.

그리고 자신의 마음가짐에 숙달되면 부자가 되는 데서 끝나는 것이 아니라 그에 따르는 놀라운 보너스 상품까지 있다. 마음가짐을 바꿔서 돈의 흐름을 따라가기 시작하면, 에너지도 변하고 삶의 다른 부분까지 변화하기 시작한다. 자신의 금전적 현실을 바꾼다는 것은 단순히 은행 계좌의 숫자가 늘어나는 모습을 기쁜 마음으로 지켜본다는 이야기가 아니다. 그런 성장을 이루기 위해 자기 자신이 완전히 달라진다는 이야기다. 자신의 낡은 모습을 벗어던지고 크게 생각할 줄 아는 사람, 변명을 찾기보다 가능성을 찾아내는 일이 더 즐겁다는 것을 아는 사람, 이 난국에서 벗어날 방법을 모르는 힘든 상황도 별일 아닌 것처럼 여기는 배포 큰 사람이 되어야 한다. 부자가 되면 무엇이든지 할 수 있다. 이제 무슨 일에든 적극적으로 나서는 사람이 되었기 때문만이 아니라 모든 것이 연결되었기 때문이다. 돈 버는 것을 방해하던 제한적인 생각이 일상생활을 방해하는 것은 물론이고 혼란에 빠지게도 한다. 하지만 이제 당신의 발목을 잡던 그 감정과 생각이 모두 거짓이라는 사실이 만천하에 드러났다.

자기 자신이 성장하는 일은 게으른 삶을 살다가 정신을 차리고 몸에 좋은 음식을 먹기 시작하고, 고개를 꼿꼿이 들고 다니며, 집중력이 좋아지고, 행복해지며, 자신감이 붙는 것과 같다. 자기 인생을 바꾸고 싶다면 당장 바꾸자.

멋지게 사는 사람은
자기 수준에 맞는 것을 추구한다.

당신은 당장 부자가 되는 데 필요한 모든 것을 내면에 갖추고 있음을 상기시키면서 이만 마무리하려고 한다. 정말 멋지고 재능 있는 친구가 하는 일 없이 빈둥빈둥 지내면서 자기가 대체 무엇을 하는 것인지 모르겠다며 걱정하고, 자신의 탁월함을 의심하는 모습을 지켜보는 기분이 아마 이럴 것이다. 이 경우 당신은 친구를 잡고 흔들어 정신을 차리게 하고, 친구의 멋진 모습을 파워포인트로 발표해서라도 알려주고 싶을 것이다. 또한 마음먹은 일은 무엇이든지 쉽게 해낼 수 있다는 것을 이해하기를 간절히 바랄 것이다.

나도 당신의 모습, 당신이 돈과 씨름하는 모습을 보면서 바로 이런 생각을 한다. 우리는 당신이 바라는 돈을 모두 얻을 수 있는 세상에 살고 있다. 부자가 되겠다고 마음먹는 순간, 정말 진심으로 결심하는 순간, 마음을 열고 그 일을 이루기 위한 방법을 받아들인다. 가난했던 인생을 땅바닥에 내동댕이친다면 기분이 얼마나 좋을지 상상해보자. 평생 자신의 능력과 가치, 돈과 관련해 '진실'이라고 믿어온 것에 반항한다면? 당신이 돈과 최고의 친구가 되어 서로 자주 왕래하고, 서로를 기쁘게 지지해줄 때 느끼는 안도감과 성취감을 떠올려보자. 당신은 전에도 불가능한 일을 해냈다. 부자가 되는 것도 마찬가지로 가능하다. 당신은 매우 강하고 훌륭한 사람이다. 자신의 욕구에 따라 살아가는 사람이다. 다시 말해, 자신의 대단함을 완전히 꽃피우기 위해 살아가고 있다. 따라서 당신은 부자가 될 사람이다.

나는 돈에미쳤다

초판 1쇄 발행 2018년 11월 5일
초판 6쇄 발행 2019년 3월 30일

지은이 젠 신체로
옮긴이 박선령
발행인 홍경숙
발행처 위너스북
경영총괄 안경찬
기획편집 김효단

출판등록 2008년 5월 2일 제 2008-000221 호
주소 서울 마포구 토정로 222, 201호(한국출판콘텐츠센터)
주문전화 02-325-8901

디자인 김종민
지업사 월드페이퍼
인쇄 영신문화사

ISBN 979-11-89352-03-5 03320

이 도서의 국립중앙도서관 출판예정도서목록(CIP)은 서지정보유통지원시스템 홈페이지(http://
seoji.nl.go.kr)와 국가자료공동목록시스템(http://www.nl.go.kr/kolisnet)에서 이용하실 수 있습
니다.(CIP 제어번호: CIP2018031859)